부모가 되기 전에
꼭 알아야 할 12가지

THINGS I WISH I'D KNOWN BEFORE WE BECOME PARENTS
by Gary Chapman

This book was first published in the United States by Northfield Publishing
820 N. LaSalle Blvd., Chicago, IL, 60610
with the title *Things I Wish I'd Known Before We Become Parents*
Copyright ⓒ 2016 by Marriage and Family Life Consultants, Inc.
All rights reserved.

Korean Edition published by Word of Life Press, Seoul 2017.
Translated by permission.
Printed in Korea.

부모가 되기 전에
꼭 알아야 할 12가지

ⓒ 생명의말씀사 2017

2017년 6월 15일 1판 1쇄 발행

펴낸이 | 김재권
펴낸곳 | 생명의말씀사

등록 | 1962. 1. 10. No.300-1962-1
주소 | 서울시 종로구 경희궁1길 5-9(03176)
전화 | 02)738-6555(본사) · 02)3159-7979(영업)
팩스 | 02)739-3824(본사) · 080-022-8585(영업)

기획편집 | 임선희
디자인 | 조현진
인쇄 | 영진문원
제본 | 정문바인텍

ISBN 978-89-04-14146-3 (03230)

저작권자의 허락없이 이 책의 일부 또는 전체를
무단 복제, 전재, 발췌하면 저작권법에 의해 처벌을 받습니다.

부모가 되기 전에
꼭 알아야 할 12가지

게리 채프먼 with 샤넌 워든 지음 · 박상은 옮김

게리 채프먼의 행복한 육아 가이드

자녀양육의 기쁨과 어려움을 함께한

캐롤린 채프먼과 스티븐 워든에게

목차

프롤로그 · 10
시작하는 글 · 13

1. **아기가 태어나면 삶이 완전히 달라진다** · 20
   변화된 일상에 적응하기 / 도움이 될 만한 아이디어들

2. **육아 비용이 만만치 않다** · 34
   자기 훈련이 필요하다 / 정리하는 습관을 들이라 / 창의성을 발휘하면 돈을 절약할 수 있다 / 시간과 에너지 관리

3. **한 형제자매라도 모두 다르다** · 52
   아이가 너무 크거나 작다면 / 편식하는 아이 / 적정한 수면 시간 / 아이가 아플 때 / 고집스러운 아이와 유순한 아이

4. **배변훈련은 결코 우습게 볼 일이 아니다** ・68

   준비되었는가? / 변기에 앉아보자! / 밤에는 어떡할까? / 바람직한 태도

5. **되고 안 되는 확실한 경계가 있어야 한다** ・82

   경계의 시작 / 현실성 있는 규칙 / 규칙 정하기 / 결과 정하기 / 친절하고 단호하게

6. **정서 건강은 신체 건강만큼 중요하다** ・100

   애착의 중요성 / 정서 발달 단계 / 자녀의 사랑 탱크 / 인정하는 말 / 함께하는 시간 / 선물 / 봉사 / 스킨십 / 자녀의 주된 사랑의 언어 발견하기

7. 자녀는 부모의 본을 보고 자란다 ·120

어린 시절 떠올려보기 / 자녀에게 본이 되는 다섯 단계

8. 때로는 부모도 사과해야 한다 ·138

5가지 사과의 언어 / 무엇을 사과해야 하는가? / 사과하면 어떤 유익이 있는가? / 사과하는 법을 배우는 5단계

9. 사회성은 학업 능력 못지않게 중요하다 ·156

어떻게 공감 능력을 배우는가? / 친절을 가르치라 / 감사를 표현하는 기술

10. 교육은 부모의 몫이다 • 174

자녀의 첫 번째 교사는 당신이다 / 어린이집 교육 / 학교 선택 / 어떻게 결정할 것인가?

11. 부부 관계는 저절로 좋아지지 않는다 • 192

부부 관계에 활력을 불어넣으려면 / 결혼생활의 필수 요소, 소통 / 서로의 감정을 이해하기 / 갈등 해결하기 / 친밀한 관계를 위한 제안

12. 자녀는 부모에게 큰 기쁨을 안겨준다 • 210

부모의 건강 상태 / 자녀의 배움에서 기쁨을 찾으라 / 즐거운 경험 만들기 / 놀이의 기쁨 / 감사를 표현하라

에필로그 • 226

프롤로그

몇 년 전 『결혼 전에 꼭 알아야 할 12가지』(Things I Wish I'd Known Before We Got Married)를 쓴 이후로 나는 그 책에 대한 독자들의 반응에 고무되었다. 많은 상담가와 목사들이 예비 신랑 신부들을 상담할 때 그 책을 참고하였고, 많은 사람이 결혼을 앞둔 자녀나 손주들에게 그 책을 선물했기 때문이다. 나는 결혼생활을 잘 준비한 사람이 보다 건강한 결혼생활을 해나갈 것이라 믿는다. 자녀양육도 마찬가지다. 잘 준비될수록 더 좋은 부모가 될 수 있다.

『결혼 전에 꼭 알아야 할 12가지』를 쓸 때부터 나는 언젠가 그 책의 속편인 이 책을 쓰게 되리라는 것을 알았다. 캐롤린과 나는 신혼 초에 힘들었던 것처럼 두 자녀를 기를 때도 무척 힘들었다. 아이들을 키우는 동안 어떤 일이 생길지 알려주는 사람이 없었기 때문이다. 다행히 우리는 최선을 다했고, 아이들 모두가 어엿한 성인이 되어 가정을 꾸렸다. 이제 우리에게는 두 명의 손주가 있다.

　이 책을 쓰게 되었을 때, 나는 어린 자녀를 키우면서 최근의 경험을 이야기해 줄 수 있는 사람과 함께하기를 바랐다. 그래서 샤넌 워든 박사가 이 책에 관심을 보여주어 얼마나 기뻤는지 모른다. 샤넌은 몇 년 전 우리 상담실에서 함께 일한 동료로 대학원에 진학하여 박사학위를 받은 후 몇 년간 대학에서 상담학을 가르쳤으며, 지금은 웨이크포레스트대학교 교수로 재직 중이다.

　샤넌은 스티븐과 결혼하여 세 자녀를 두었다. 그래서 에브리와 카슨, 프레슬리, 이렇게 세 명의 아이가 책 속에 종종 등장할 것이다. 샤넌은 가정과 육아와 직장생활과 교회 봉사 사이에서 균형을 잡는 법을 터득했다. 그녀는 학문의 상아탑이 아니라 실생활의 참호에서 얻은 경험을 토대로 이야기한다. 시작하는 글에서 당신은 샤넌이 어머니가 되기까지의 여정을 접하게 될 것이다. 그녀는 임신과 자녀양육의 어려움과 기쁨을 경험하였다.

많은 사람에게 도움이 되리라 생각되는 이 책을 샤넌 워든 박사와 함께 쓸 수 있었던 것을 감사하게 생각한다. 우리의 바람은 지난 수년 간 수백 명의 부모를 상담하면서 알게 된 것들과 우리가 경험한 것들을 나누는 것이다. 아이가 생기기 전에 이 책을 읽고, 실제로 자녀를 양육하는 기쁨과 어려움을 경험할 때 다시금 이 책의 내용을 참고하면 좋을 것이다.

_ 게리 채프먼

시작하는 글

　부모가 되기 위한 준비 과정은 많은 시간과 에너지를 요하며, 종종 임신하기 한참 전부터 시작된다.

　많은 부부가 아기를 갖는 가장 적절한 시기에 대해 의논할 것이다. 그리고 때로는 두 사람의 관계나 일과 관련한 스케줄, 수입, 집, 차 등에 어떤 변화가 필요한지에 대해서도 생각하게 될 것이다.

　나는 샤넌에게 '시작하는 글'에서 그녀가 어머니가 되기까지의 여정에 대해 이야기해 달라고 요청하였다. 샤넌의 이야기를 읽다보면 내가 왜 그녀에게 이 책을 함께 쓰자고 했는지 알 수 있을 것이다.

　남편 스티븐과 나는 에브리가 태어나기 3년 전부터 아기 이름을 지어두었다. 가족계획을 시작하면서 얼마나 즐거웠는지 모른다. 그러나 9개월간 노력한 끝에 얻은 첫 아기는 임신 2주 만에 유산이 되었다. 스티븐과 나는 임신하는 데 그토록 오랜 시간이 걸린다는 사실이 몹시 혼란스러웠다. 여성의 10퍼센트는 임신을 하거나 임신 상태를 유지하기 힘들다는 것을 익히 알고 있었지만 말이다.[1]

우리는 비탄에 잠겼지만 아기를 갖겠다는 꿈을 포기하지는 않았다. 마침내 에브리를 임신했을 때 희망과 걱정이 교차했다. 그러나 또 다시 유산될지 모른다는 두려움이 입덧과 피로, 부종, 수면 장애, 치질, 우울, 불안 등 임신에 수반되는 제반 증상에 대한 관심으로 바뀌면서 희망이 점점 커져갔다. 이 같은 증상과 그 밖의 정신적, 육체적 스트레스 요인을 다루는 데 있어서 의료진과 가족과 친구들의 정서적 지지와 그들이 제공한 정보가 큰 도움이 되었다. 이어진 초음파 사진과 베이비샤워, 아기 방 꾸미기 같은 일들이 임신 기간을 견딜 만하게 해주었고, 마침내 에브리가 태어났을 때 우리는 기뻐서 어쩔 줄 몰랐다.

---

[1] 미국 보건복지부 여성건강국 (2009). http://www.womenshealth.gov/publications/our-publications/fact-sheet/infertility.html#1.

에브리가 태어난 지 3년쯤 되었을 때 스티븐과 나는 둘째 아이를 갖기로 했다. 첫아이 때의 경험으로 임신이 오래 걸린다는 것은 알고 있었다. 몇 달의 노력 끝에 어렵게 임신이 되었지만 10주 때의 초음파 사진으로 6주, 혹은 7주 때 유산되었다는 사실을 알게 되었다. 우리는 낙심했다. 하지만 희망을 잃지 않고 병원에서 권한 몇 달을 기다렸다가 다시 아기를 갖기 위해 노력했다. 그러나 1년이 넘도록 소식이 없었다. 결국 불임 클리닉을 찾아가 상담을 받았지만 몇 달간의 불임 치료도 별 소용이 없었다.

시간이 지나면서 스티븐과 나는 점점 지쳐갔다. 불임클리닉에서는 시험관아기를 시도해보자고 했지만 나는 내키지 않았다. 나는 스티븐에게 "하나님이 때가 되면 아기를 주시겠다고 말씀하시는 것 같아요."라고 말했다. 내가 모르고 있었던 것은 하나님이 이미 그렇게 해주셨다는 사실이었다. 그때 나는 우리 아들 카슨을 임신하고 있었고, 2주 후에 그 사실을 알게 되었다.

카슨이 한 살이 되었을 때 스티븐과 나는 가정생활과 일에 균형이 잡혔다고 느꼈다. 그래서 셋째를 갖기로 했다.

결정하기에 앞서 우리는 세 명 이상의 자녀를 둔 친구나 가족들과 상의했다. 모두가 아이 셋을 키우기는 힘들 거라 말했고, 하지만 그럴 만한 가치가 있는 일이라 말했으며, 그렇게 한 것을 결코 후회하지 않는다고 말했다. 신기하게도 이번에는 곧바로 임신에 성공했고, 아홉 달 뒤 프레슬리가 태어났다.

지금도 에브리나 카슨과 달리 프레슬리가 얼마나 쉽게 임신이 되었는지를 생각하면 놀랍기 그지없다. 이는 우리에게 삶과 자녀양육에 관한 중요한 한 가지, 즉 어떤 일이 벌어질지 예측할 수는 없지만 주어진 상황 속에서 언제나 희망을 발견할 수 있음을 말해준다.

　섀넌과 스티븐이 부모가 되기까지의 여정은 그리 특별하다고 할 수 없다. 모든 부부는 자식을 낳아 기르는 특별한 기쁨과 어려움을 경험한다. 이는 아기를 입양하기로 한 부부의 경우도 마찬가지다. 세상에는 분명 사랑 많은 양부모가 많이 필요하다. 아기를 낳아 키우는 부모와 마찬가지로 아기를 입양하는 부모 역시 입양 과정을 통해 나름의 불확실성과 스트레스와 기쁨을 경험한다. 생물학적인 부모가 되든 양부모가 되든, 부모가 되기 위해서는 엄청난 수고와 계획과 유연성이 필요하다.

　임신 기간은 영원히 이어질 것처럼 느껴지지만 시간이 흘러 열 달이 지나면 아기가 세상 빛을 보게 된다. 모든 출산(자연분만이든 제왕절개든, 병원에서 낳든 집에서 낳든)은 힘들고 고통스럽다. TV에서 접한 출산 과정이나 친구들의 이야기만으로는 아기를 낳는 데 별 도움이 되지 않는다는 것을 알게 될 것이다. 사실 출산은 누구에게나 특별한 경험이다.

시작하는 글 / 17

하지만 좋은 소식이 있다. 그것은 아무리 힘들고 산고가 심해도 출산 직후의 크나큰 기쁨이, 생애 최초로 자신의 소중한 아기를 안고 아기에게 입 맞추는 놀라운 기쁨이 기다리고 있다는 것이다.

아기가 태어나기까지의 기쁨과 어려움은 그 후에 경험하게 될 기쁨과 어려움에 대비할 수 있도록 당신을 준비시킬 것이다.

당신이 부모가 되어가는 과정의 어느 단계에 있든(아기를 가질 생각을 하는 중이든, 임신을 위해 노력하는 중이든, 첫아이의 탄생을 기다리는 중이든, 입양을 계획하는 중이든), 이 책이 자녀양육의 기쁨과 유익을 알고 힘든 시기에도 희망과 긍정적인 태도를 유지하는 데 도움이 되었으면 한다.

이 책을 관통하는 중심 주제, 즉 자녀양육은 해볼 만한 일이라는 것이 곧 분명해질 것이다.

아기를 가지려고 노력할 때의 불확실성과 스트레스, 임신에 수반되는 불편과 출산의 고통, 그리고 출산 이후에 경험하는 그 모든 어려움

　은 경험해볼 가치가 있다. 부모라면 이것을 본능적으로 알겠지만, 그래도 약간의 정보와 격려가 있으면 도움이 될 것이다.
　당신이 이 책을 통해 자녀양육을 가치 있는 일로 만들어주는 크고 작은 일들 속에서 희망과 웃음과 확신을 얻을 수 있기 바란다.

1.
아기가 태어나면 삶이 완전히 달라진다

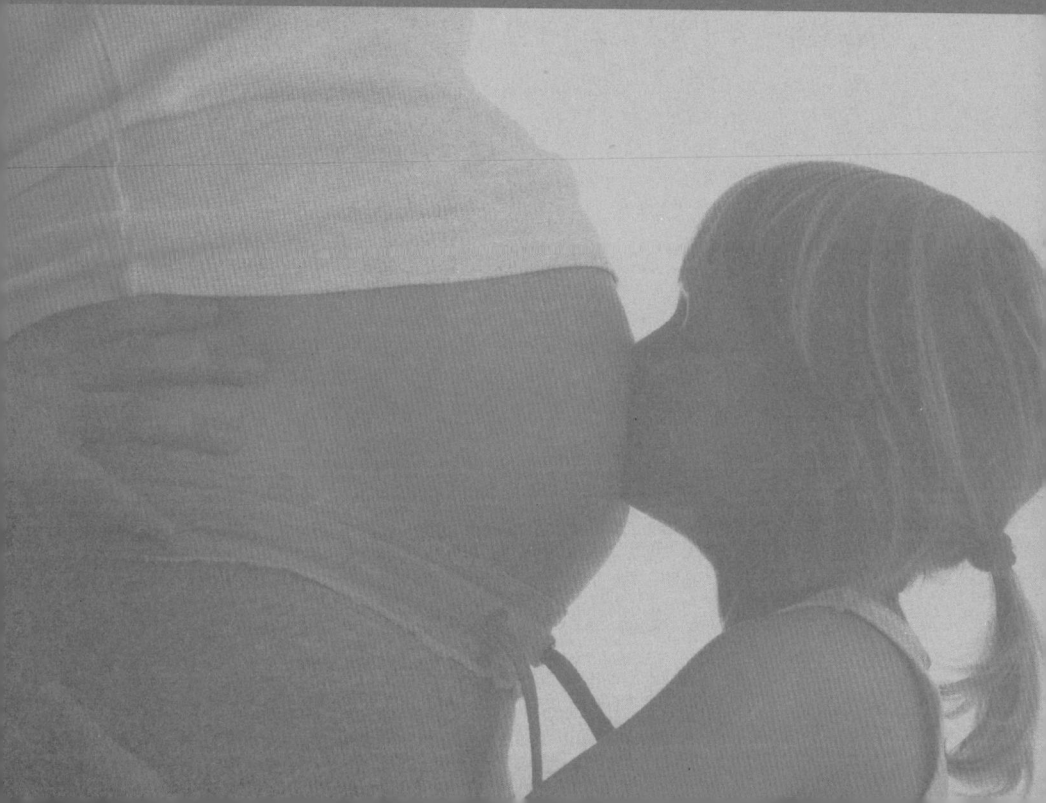

딸아이가 태어나던 일요일 아침을 기억한다. 아침에 캐롤린이 진통이 온다며 나를 깨웠다. 내가 무슨 말이냐고 묻자 그녀는 아기가 나올 것 같다고 대답했다.

"정말이에요?"

"네, 병원에 가야 할 것 같아요."

나는 재빨리 옷을 갈아입고 캐롤린을 데리고 병원으로 향했다. 첫아이라 우리 둘 다 살짝 흥분해 있었다.

당시 우리는 결혼한 지 3년째였고, 아기를 낳아서 기를 준비가 되어 있다고 생각했다. 우리는 늘 자녀계획을 세우곤 했다. 연애 시절에 캐롤린은 아들 다섯을 낳고 싶다고 말했다(캐롤린은 대가족 틈에서 자랐다). 나는 사랑에 빠진 사람답게 그녀에게 좋은 것이라면 그것이 무엇이든 내게도 좋다고 말해주었다. 그 순간 내가 무슨 말을 하고 있는지도 모르면서….

어쨌거나 그날 아침 나는 첫아이를 만날 준비가 되어 있었다. 태어날 아이가 딸인지 아들인지는 알지 못했다. 믿기 어렵겠지만 당시는 초음파 기계가 도입되기 전이기 때문에 누구도 아기의 성별을 미리 알 수 없었고, 그래서 더욱 더 아기의 탄생이 기다려졌다.

또 하나 믿기 어려운 점은 그 시절에는 남편들이 분만실에 들어가지 못하게 되어 있었다는 것이다. 아마도 간호사들이 기절하는 남편들을 붙잡아주는 데 진력이 났던 것인지, 그 당시의 남편들은 대기실에서 기다리는 게 최선이었다. 그때 의사는 내게 "아기가 나오려면 몇 시간 더 있어야 합니다. 그러니까 교회로 돌아가서 설교를 하고 오셔도 됩니다. 시간이 충분하니까요."라고 말했다(그는 내가 시내에 있는 한 작은 교회의 목사라는 것을 알고 있었다). 나는 조금 놀랐지만 '뭐, 안 될 것도 없지. 교인들에게 아기 소식도 전해줄 수 있을 테고.' 생각했다.

> 우리는 아기를 배 속에 품고 있는 것과 낳아서 키우는 것은 완전히 다른 일이라는 것을 알게 되었다.

그래서 교회로 돌아가 설교 말미에 이렇게 말했다. "오늘은 입구에서 여러분과 인사를 나눌 수 없을 것 같군요. 오늘 아침 일찍 캐롤린을 병원에 데려다주고 왔거든요. 조금 있으면 아기가 태어날 예정이어서 저는 다시 병원에 가봐야 한답니다."

여자 성도 몇 명이 내가 병원에 있지 않다는 사실에 언짢아하는 것 같았다. 하지만 나는 그저 의사의 말에 따랐던 것 뿐이다.

병원에 돌아와 보니 대기실 안이 조용했다. 10분 뒤 간호사가 와서

"축하합니다. 공주님이에요."라고 말했다. 나는 간호사를 따라 분만실로 가서 캐롤린의 배 위에 누워 있는 아기를 보았다. 캐롤린이 말했다. "딸이에요. 아쉬워도 어쩔 수 없어요." 사람들은 그런 순간에 참으로 엉뚱한 말을 하기도 한다. 나는 "괜찮아요. 아들을 원한 건 당신이지, 나는 딸이 좋아요."라고 말해주었다. 의사가 "아기는 곧 손가락 하나로 아빠를 마음대로 조종하게 될 거예요."라고 말했다. 과연 그 말이 맞았다.

변화된 일상에 적응하기

이틀 뒤 우리는 아기를 데리고 집으로 돌아왔다. 그제야 아기를 배 속에 품고 있는 것과 낳아서 키우는 것은 완전히 다른 일이라는 것을 알게 되었다. 아기를 돌보는 일에 비하면 한밤중에 캐롤린이 좋아하는 바나나 스플릿을 사러 가는 것은 아주 쉬운 일이었다. 아기가 엄마 배 속에 있을 때에는 모든 게 더 쉬웠다. 아기가 태어난 뒤에는 생각했던 것보다 훨씬 더 자주 젖을 먹여야 했다. 캐롤린은 처음 몇 달 동안만 모유 수유를 하기로 했다. 만약 당신이 모유 수유를 고려하는 중이라면 의사나 어머니, 친구들과 상의해보라. 모유 수유는 자연스러운 방식이지만 때로는 상황이 여의치 않을 때가 있다. 당신과 아기에게 가장 적합한 방식을 택하라.

젖을 먹이는 것 못지않게 중요한 것은 기저귀를 갈아주는 일이다. 이것 역시 내가 생각했던 것보다 훨씬 더 자주 해야 했다. 우리 때만 해도 옛날이어서 천 기저귀를 썼는데, 기저귀를 빠는 것은 그리 유쾌한 일이 못 되었다. 그래서 우리는 지저분한 기저귀를 수거하여 깨끗이 세탁해서 가져다주는 서비스를 이용했다. 물론 요즘은 대부분의 사람들이 일회용 기저귀를 사용하기 때문에 예전에 비하면 훨씬 편리해졌다. 그러나 기저귀를 가는 일은 여전히 시간이 걸리는 일이고 불쾌한 냄새를 견뎌야 한다.

젖을 먹이고 기저귀를 갈아주는 것은 매우 기본적인 일이다. 이것을 해주지 않으면 아기는 생명을 유지할 수 없다. 그러나 이 두 가지 외에도 시간을 요하는 많은 일이 기다리고 있다. 아이가 낮과 밤에 몇 시간씩 잠을 자준다면 당신은 운이 좋은 부모다. 아이가 자는 동안 음식을 만들고 빨래를 하고 잔디를 깎고 그 밖의 필요한 일들을 할 수 있을 테니 말이다.

딸아이는 우리가 예상했던 것보다 훨씬 많이 잤다. 비록 아이가 자는 동안 숨을 제대로 쉬는지 보려고 아이 곁을 지켜야 했지만 말이다. 둘째아이인 아들이 태어나기 전까지는 이것이 얼마나 좋은 일인지 알지 못했다. 아들은 좀처럼 잠을 자려 하지 않았기 때문에 돌보는 데 훨씬 더 많은 시간이 필요했다.

우리는 아기를 부드럽게 안아주는 것이 매우 중요하다는 것을 알고 있었다. 돌보는 사람들의 부드러운 손길이 닿지 않은 채 오랜 시간 방

치되는 아기들은 정서 발달에 문제가 있음을 밝힌 연구 내용을 많이 접했기 때문이다. 우리는 아기가 사랑받고 있다고 느끼길 바랐고, 그래서 아기를 자주 안아주고, 말을 건네고, 아기와 함께 웃었다. 아기가 조금 자란 후에는 아기가 말뜻을 이해하기 훨씬 전부터 동화책을 읽어주었다. 그림과 소리로 아기의 뇌를 자극하고 싶었기 때문이다. 우리는 정말 좋은 부모가 되고 싶었다.

그러나 이 모든 일에는 아주 많은 시간이 소요된다. 우리는 이론적으로 아이에게 많은 관심을 쏟아야 한다는 것을 알고 있었지만, 이론과 실제는 매우 다르다. 아기가 태어나면 생활이 완전히 달라진다는 것을 미리 알았다면 좋았을 것이다.

아기가 태어나기 전에 우리는 한 가지 중요한 결정을 내렸다. 캐롤린이 전업주부가 되어 아기를 돌보기로 한 것이다. 캐롤린이 출산 전에 직장을 그만두기로 했기 때문에 내 생활에는 변화가 없을 줄 알았다. 하루 종일 아기를 돌볼 엄마가 있으니 나는 별로 할 일이 없을 거라고 생각한 것이다.

> 자신의 한계를 인정하고 가장 중요한 일을 할 수 있도록 스케줄을 조정하면 스스로에게 실망하거나 좌절감을 느끼지 않을 것이다.

그러나 이러한 생각이 잘못된 것임을 곧바로 깨닫게 되었다. 아기에게 엄마와 아빠가 존재하는 데는 이유가 있으며, 결혼한 부부가 서로를 '사랑하고 존중해야' 하는 데에도 이유가 있다. 아기가 태어났을 때보다 부부간에 더 많은 사랑이 필요한 시기도 없을 것이다. 모든 연구는 엄마와 아빠가 서로 사랑하고 지지하는 가정이 자녀를 키우는 데 가장 좋은 환경임을 보여준다. 내가 쓴 『5가지 사랑의 언어』[2]는 수백만 쌍의 부부가 서로 사랑하고 배려하고 지지하는 데 도움이 되었다. 부부가 서로 사랑하고 존중할 때 그들은 기꺼이 배우자와 자녀들의 필요에 맞춰 자신의 스케줄을 조정한다.

또 다른 중요한 요소는 자신의 한계를 인정하는 것이다. 우리는 모든 것을 다 할 수 없다. 인간에게는 한계가 있기 때문이다. 날마다 두 시간씩 운동을 하고, 하루 종일 일하고, 밤에 세 시간씩 컴퓨터를 하고, 스포츠 경기를 관람하고, 주말마다 골프를 치면서 자상한 남편과 아버지가 되는 것은 불가능하다. 자신의 한계를 인정하고 가장 중요한 일을 할 수 있도록 스케줄을 조정하면 스스로에게 실망하거나 좌절감을 느끼지 않을 것이다. 시간과 돈, 에너지, 능력은 제한되어 있다. 달성 가능한 목표는 나중에 그 목표를 이뤘을 때 기쁨을 안겨주지만 비현실적인 목표는 목표 달성에 실패했을 때 좌절감을 안겨준다.

'우리' 의식을 갖는 것도 중요하다. 결혼 전에는 우리 대부분이 '나' 위주로 생각하지만 결혼한 후에는 우리 의식을 갖는 게 바람직하다. 그리고 부모가 되면 '나'가 아닌 '우리'의 관점에서 무엇을 해야 할지 생각해야 한다. 육아는 팀 스포츠와 비슷하기 때문이다.

또한 변화된 일상에 스스로를 맞추는 자기희생적인 태도도 필요하

---

2) Gary Chapman, *The 5 Love Languages* (Chicago: Northfield Publishing, 2015). (『5가지 사랑의 언어』, 생명의말씀사).

다. 이 책에 도움을 준 섀넌은 박사 과정의 일환으로 상담을 했는데, 그때 그녀가 상담해준 대상은 박사 학위 소지자로 수년간 대학에서 학생들을 가르친 병원 원목이었다. 섀넌은 아이들이 어릴 때에는 아이들과 되도록 많은 시간을 보내기 위해 커리어를 천천히 쌓아갔다고 설명했다. 이것은 섀넌이 종신직으로 향하는 사다리를 그녀가 할 수 있는 만큼 빨리 오르지 않았음을 의미한다. 섀넌에게는 직위 상승의 사다리보다 육아가 더 중요했던 것이다.

  직업적인 면에서든 삶의 다른 영역에서든 부모들은 종종 자녀를 위해 스스로를 희생한다. 이 희생은 때로 매우 큰 것일 수도 있고 때로는 희생이라 말하기 민망할 만큼 작은 것일 수도 있다.

  어떤 방식으로 아이를 키울지 정하고 육아에 임하는 우리의 자세를 바로 하는 것은 가치 있으면서도 매우 어려운 일이다. 그러나 비현실적인 기대를 안고 살다가 실망하는 것은 바람직하지도 않고 생산적이지도 않다.

도움이 될 만한 아이디어들

  부모 역할을 하려면 우리의 자세가 달라져야 할 뿐 아니라 시간을 낼 수 있는 실질적인 방법을 강구해야 한다. 다음은 변화된 일상에 맞춰 스케줄을 조정하는 데 도움이 될 만한 아이디어들이다.

1) 정리하는 습관을 들이라

여기에는 두 가지 문제가 있다. 첫째, 모든 사람이 다 정리를 잘하는 것은 아니다. 이것을 나는 결혼한 뒤에야 알게 되었다. 나는 정리하는 재능을 타고났지만 아내는 그 반대다.

둘째, 정리를 하려면 시간이 필요한데, 우리는 지금 시간을 절약할 방법을 고민 중이다.

그러나 작은 변화로도 큰 성과를 올릴 수 있다. 현재의 스케줄을 살펴보고 아기가 태어나면 무엇이 바뀌어야 하는지 자문해보라. 이미 아기가 태어났다면 스케줄을 어떻게 조정해야 시간에 쫓기지 않을 수 있을지 생각해보라.

기상 시간을 30분 더 앞당길 수도 있고, 점심시간에 30분 정도 짬을 내어 걷기 운동을 할 수도 있다. 또 설거지를 함으로써 배우자를 쉬게 해줄 수도 있을 것이다.

2) 창의성을 발휘하라

아이는 영원히 아기로 남아 있지 않다. 해적놀이를 하거나 티파티를 하는 등 창의성을 발휘해서 아이와 놀아줘야 할 때가 생각보다 빨리 찾아온다. 색칠놀이 책도 도움이 된다. 이런 것들은 자녀를 키우면서 저절로 하게 되는 창의적인 활동의 몇 가지 예에 불과하다. 이뿐 아니라 부모는 분주하게 돌아가는 가족의 스케줄을 조정하는 데에도 창의성을 발휘해야 한다.

창의성을 발휘하여 한꺼번에 여러 가지 일을 할 수도 있지만, 이것이 늘 아이를 위한 최선의 방법이 되는 건 아니다.

장을 보러 갈 때 아이를 데리고 가면 필요한 물건도 사고 다양한 자극에 아이를 노출시킬 수도 있다. 반면 문자를 보내거나 인터넷 검색을 하면서 아이를 돌본다면 아이에게 질적으로 충실한 시간을 제공할 수 없다.

3) 다른 사람들의 도움을 받으라

부모가 하루 24시간 아이와 함께 있지 못하는 경우에는 믿을 만한 사람의 도움이 필요하다. 근처에 가족이나 친구들이 산다면 그들에게 도움을 청하라. 믿을 만한 어린이집이나 유치원도 도움이 된다. 부모들, 특히 처음으로 부모가 된 사람들은 다른 사람에게 아이를 맡기기가 주저될 것이다.

모든 부모가 아이를 맡길 사람이나 기관이 안전하고 믿을 만한지 꼼꼼하게 따져보고 신중하게 선택한다. 그리고 이러한 노력을 통해 아이를 돌봐주는 사람들에 대한 신뢰가 쌓여가면서 안도감과 자유를 얻는다.

나의 한 친구는 "나는 아이들을 유치원에 데려다주는 게 정말 좋아!"라고 말했다. 이는 그 유치원에 대한 칭찬인 동시에 다른 일을 할 수 있게 된 자유를 표현한 것이다. 다른 많은 부모들처럼 그녀도 아이들을 맡길 곳이 있다는 게 큰 축복임을 경험으로 알고 있다.

다행히 샤넌과 스티븐은 근처에 살고 계신 부모님이 (너무 오래 맡기거나 자주 맡기지 않는 한) 기꺼이 아이들을 돌봐주신다. 반면 캐롤린과 나는 부모님이 근처에 살지 않으신다. 그러나 우리에게는 우리가 일을 보는 동안 한두 시간쯤 아이들을 돌봐줄 좋은 친구들이 있었다. 아이들이 조금 자랐을 때에는 우리 부부가 컨퍼런스에 참석하거나 짧은 여행을 다녀오는 동안 혼자 사는 다른 친구들이 우리 집에 머물면서 아이들과 함께 시간을 보내기도 했다.

4) 생활을 단순화하라

아이들을 키우다보면 삶이 분주하게 돌아간다. 아이들이 커갈수록 더 그렇다. 아이들이 축구나 야구를 하고 피아노나 무용을 배우기 시작하면 장기전에 돌입한다. 그러므로 어느 시점에서 삶을 보다 단순화할 필요가 있다. 쉽게 말해 몇 가지 활동을 줄여야 하는 것이다. 늘 뭔가에 쫓기는 마음으로 살아갈 수는 없다. 인간의 마음과 몸은 휴식과 여유롭게 생각할 시간, 저녁노을과 무지개, 새 같은 것들을 감상할 시간이 필요하다. 어떤 부모가 "오늘은 아주 오랜만에 아무것도 하지 않아도 되는 토요일이랍니다."라고 말하는 것을 들었다. 그런 토요일을 더 많이 맞이할 수 있어야 한다.

아이가 어렸을 때 일요일 저녁은 캐롤린이 아이와 함께 여유롭게 보낼 수 있는 시간이었다. 목사인 나는 일요일 저녁에 할 일이 많았지만 아내가 집에서 쉴 수 있게 해주었다.

이것을 모든 신자가 이해해주었을까? 그렇지 않다. 하지만 대부분은 이해해주었다. 그들 역시 집에서 쉬었기 때문이다. (기독교 문화일지라도) 문화가 우리 삶을 지배하게 해서는 안 된다. 우리는 하나님을 추구하는 사람들이지 문화를 추구하는 사람들이 아니다.

5) 성과를 자축하라

기회를 보며 서로를 칭찬하라. 잘한 일에 초점을 맞추면 배우자나 자녀들과 보다 긍정적인 방식으로 연결될 수 있을 뿐 아니라 잘못한 일에 대해서도 보나 나은 관점을 갖게 될 것이다. 잘못한 일보다 잘한 일이 더 크게 다가올 것이고 다른 일도 잘해낼 수 있다는 자신감을 얻을 수 있을 것이다.

이외에도 아이디어는 무수히 많다. 다만 여기에 제시한 아이디어들이 유용한 출발점이 되어줄 것이다. 우리 부부가 부모가 되기 전에 이러한 아이디어들을 알려주는 사람들이 있었다면 좋았을 거라는 생각이 든다.

나눔을 위한 질문

1. 최근 6개월 안에 아기를 낳은 부부와 대화하라. 그들에게 아기가 태어난 후 일상이 어떻게 달라졌는지 물어보라.

2. 당신이 맞벌이 부부고, 둘 다 하루 종일 근무한다면 아기가 태어난 후 직업과 관련하여 어떤 변화가 필요할지에 대해 의논하라.

3. 부부가 둘 다 전일제 근무를 계속하기로 했다면 누구에게 아기를 맡길 것인가?

4. 부부가 각자 '자유 시간'에 하는 주된 활동(골프, 헬스, 비디오 게임, 페이스북 등)을 적으라. 아기가 태어난 후 이중 몇 가지를 줄일 것인가?

5. 장보기, 요리, 설거지, 청소, 화장실 청소 등 정기적으로 하는 집안일과 현재 그 일을 담당하는 사람을 적으라. 아기가 태어난 후 그 일의 담당자를 바꾸어야 할지에 대해 생각해보라.

6. 당신은 자녀를 위해 기꺼이 개인적인 희생을 감수할 것인가?

2.

육아 비용이 만만치 않다

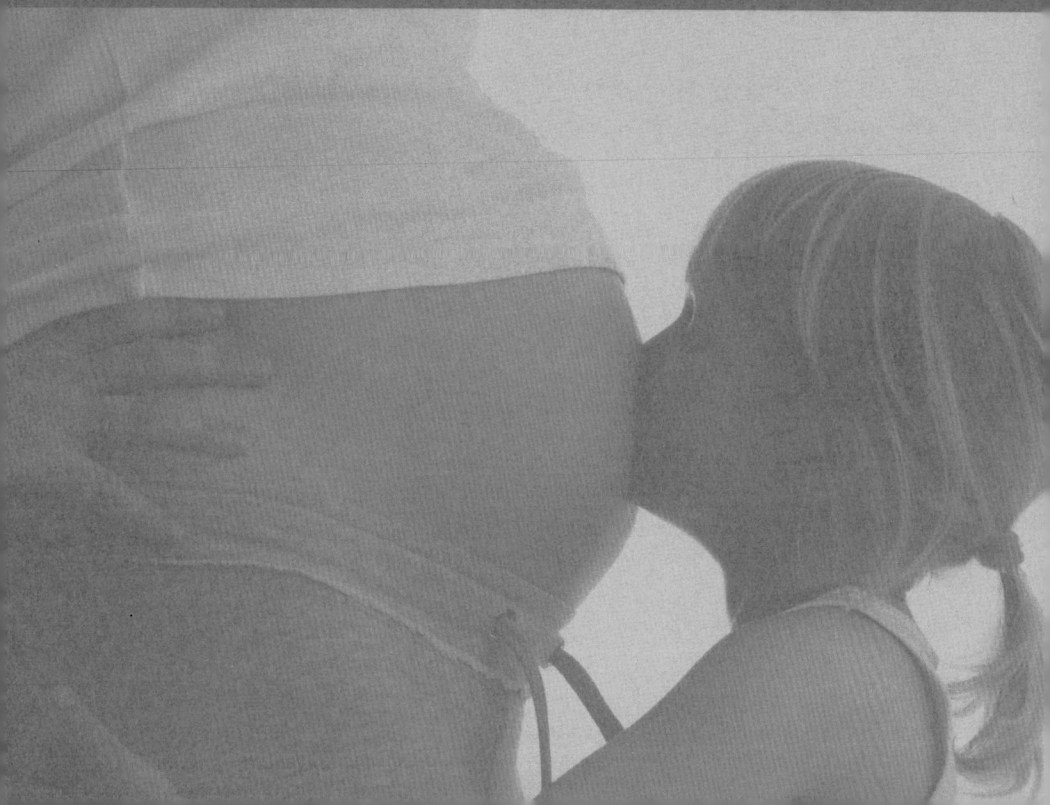

딸아이가 태어난 며칠 뒤 병원에서 청구서가 날아왔다. 아기를 출산하는 데 든 비용은 총 9달러였다(아주 오래 전이었고, 우리 부부가 꽤 괜찮은 보험에 가입했다는 것을 감안하라). 겨우 9달러라니, 말도 안 되게 저렴한 비용이었다. 나는 기분이 좋았다. 이후 26년간 아이를 초등학교와 중학교, 고등학교, 대학교를 거쳐 의학전문대학원에 보내는 데 드는 비용은 생각하지도 못했다.

돌이켜보니 당시 그런 생각을 못한 것이 다행이었다. 만약 내가 그 비용을 떠올렸다면 기가 질렸을 것이다. 그러나 당신이 계획을 세우기 좋아하는 사람이어서 자녀를 키우는 데 얼마가 드는지 꼭 알고 싶다면 미국 농무부 산하 영양정책 및 홍보센터(Center for Nutrition Policy and Promotion)의 연례보고서 '가계별 자녀 양육비'[3]를 참고하라. 여기에 따

---

[3] Lino, Mark (2014). 미국 농무부 영양정책 및 홍보센터 보고서 "Expenditures on Children by Families."

르면 아이가 만 17세가 될 때까지 대략 25만 달러가 든다. 이 수치는 부부와 자녀 두 명으로 구성되어 있는 중산층 가정을 기준으로 한 것이며, 대학 등록금이나 18세 이후에 들어가는 비용은 포함되지 않았다(독자들 중 몇몇은 이미 계산기를 두드려보고 1년에 1만 4,705달러가 필요하다는 것을 알았을 것이다). 물론 양육비 총액은 주거비와 식비, 교육비, 의복비, 의료비 및 그 밖의 여러 요소에 따라 많은 차이가 난다.

당신이 이 수치에 좌절하지 않기를 바라지만, 만약 좌절이 된다면 매직으로 앞 단락을 까맣게 지워버리라. 사실 가만히 앉아서 먼 훗날의 일을 지레 걱정하는 부모는 거의 없다. 우리 부부도 미리부터 걱정하지 않았다. 인생은 하루씩 살아가는 것이다. 우리는 아이들을 낳고 그들에 대한 사랑 때문에 본능적으로 아이들을 위해 돈을 쓴다. 이때 버는 돈 이상으로 많이 쓰지 않도록 주의하라. 지출이 수입을 초과하면 궤도를 수정해야 한다.

> 나는 자녀를 키우는 것이 돈을 쓰는 일이 아니라 투자라고 생각하게 되었다.

캐롤린과 나는 처음부터 '수입 안에서 생활하기'로 했다. 우리 둘 다 빚지는 것을 싫어했고, 그래서 아기가 태어나기 전까지는 신용카드도 만들지 않았다.

몇 달 뒤 대학원 진학을 앞두고 텍사스로 이사를 갔는데, 아기 침대가 필요했다. 그래서 신용카드를 발급받으려 했지만, 신용 점수가 없다는 이유로 거절당했다.

지금 돌아보면 신용 점수를 쌓지 않는 것은 좋은 생각이 아니었다.

물론 요즘은 신용카드를 발급받기가 한결 수월해졌다. 공항에서 나오다 보면 사방에서 신용카드를 만들라는 소리가 들릴 정도다.

  신용카드를 현명하게 사용하면(매달 결제일에 꼬박꼬박 카드 대금을 지불하면) 생활이 훨씬 편리하다. 그러나 많은 가정이 신용카드를 무분별하게 사용하다가 재정적인 어려움에 처한다. 이 장에 나오는 아이디어들은 자녀를 키우면서 수입 안에서 생활하는 데 도움이 될 것이다.

  1장에서 살펴보았듯이 우리는 자녀를 키우는 데 돈뿐 아니라 시간과 에너지도 많이 들어간다는 것을 알게 되었다. 돈과 시간과 에너지! 이 모든 것을 내주어야 한다고 생각하면 몹시 걱정이 될 것이다. 그렇지만 나는 자녀를 키우는 것이 돈을 쓰는 일이 아니라 투자라고 생각하게 되었다. 사실 자녀를 키우는 것은 우리가 할 수 있는 가장 좋은 '투자'다. 자녀는 우리에게 큰 기쁨을 준다. 우리는 자녀를 사랑하고, 자녀는 우리와 다른 사람들을 사랑하는 법을 배운다. 우리는 자녀가 각자의 관심 분야를 발견하고 재능을 개발하도록 돕는다. 그들이 자라서 세상과 주변 사람들의 삶을 풍요롭게 한다. 우리가 나이 들어 어린아이처럼 되면 어른이 된 자녀들이 우리를 돌본다. 이보다 더 좋은 투자가 어디 있겠는가!

  자녀들이 우리의 삶과 이 세상에 더해주는 가치는 분명 그들에게 들어가는 비용 이상이다. 그러나 자녀들에게 들어가는 비용을 예상하고 돈과 시간과 에너지를 현명하게 사용하는 것이 그들을 잘 돌보기 위한 보다 효과적이고 실제적인 방법일 것이다.

샤넌과 나는 재정 관리에 능한 사람이 아니다. 우리는 우리 상담실을 찾아온 사람들에게 보다 규모 있는 살림살이를 위해서 전문가에게 상담을 받으라고 권하곤 한다. 그러나 재정적인 문제로 고민하는 부모들에게 도움이 될 만한 일반적인 원리 몇 가지를 발견하였다. 그것은 돈을 절약하려면 ① 자기 훈련이 필요하고 ② 정리하는 습관을 들여야 하며 ③ 창의성을 발휘해야 한다는 것이다.

자기 훈련이 필요하다

자기 훈련의 정의 중 하나는 '보다 나은 자신이 되도록 스스로를 다스리는 것'이다. 때문에 자기 훈련의 첫 단계는 자신에게 어떤 변화가 필요한지 인식하는 것이다.

이를 가정경제에 적용하면 돈을 어디에 썼는지 기록함으로써 수입 범위 안에서 살아가게 하는 것이라 할 수 있다. 빚을 져야 생활비를 감당할 수 있다면 궤도를 수정해야 할 때다. 이런 경우 지출을 줄일 방법이나 수입을 늘릴 방법에 대해 생각해보아야 한다. 그리고 일단 어떤 결정을 내리면 그 결정에 따라야 한다.

샤넌은 남편 스티븐과 궤도를 수정한 것에 대해 들려주었다. 그들은 '외식하는 횟수를 줄이고, 집에서 보다 건강한 음식을 만들어 먹으며, 직장에 도시락을 가지고 다니고, 충동구매를 줄이고, 필요한 것만 구매하며, 신용카드 사용을 줄이기로' 했다. 샤넌은 다음과 같이 말을 이었다. "다른 부부들처럼 우리도 그날그날 사고 싶은 것이 있으면 샀어요. 필요해서 사는 거라고 합리화하며 돈을 함부로 썼지요. 하지만 자기 훈련을 통해 보다 중요한 데 돈 쓰는 법을 알게 되었어요. 덕분에 아이들에게 들어갈 장·단기 자금을 모을 수 있었을 뿐 아니라 부부 사이도 더 좋아졌답니다."

내가 대학원에 진학했을 때 캐롤린과 나는 재정적인 면에서 자기 훈련을 해야 했다. 당시 우리에게는 아이가 있었기 때문에 캐롤린이 직장을 그만두기로 한 터였다. 은행에서 내가 시간제 근무를 하며 생활비를 벌었지만, 집세와 각종 공과금을 내고 기본적인 식비를 지출하면 남는 게 없었다. 어느 날 캐롤린이 "여보, 당신이 매달 청구서를 지불하고 수표책을 결산하는 게 어때요?"라고 말했다. 그것은 원래 캐롤린이 하기로 한 일이었다. 내가 "그렇게 할게요. 그런데 왜요?" 하고 묻자 캐롤린은 "그 일을 하면 배가 아파요."라고 대답했다. 이 일은 그 당시 우리가 얼마나 경제적으로 쪼들렸는지를 보여준다.

우리에게는 옷을 사거나 외식을 하거나 여가 활동을 할 돈이 없었다. 그때를 돌아보면 캐롤린의 자기 훈련이 고맙기 이를 데 없다. 덕분에 3년 뒤 내가 박사학위를 받고 대학원을 졸업했을 때 우리에게는 빚이 없었다. 그 3년 동안 캐롤린은 구두 한 켤레도 사지 않았다. 아이들이 다 자란 지금 캐롤린이 한꺼번에 구두 여섯 켤레를 산다 해도 내가 불평하지 않는 이유다.

부부는 재정 관리를 위해 무엇을 어떻게 할지 함께 결정해야 한다. 그리고 일단 결정한 후에는 그 목표를 이루기 위해 스스로를 훈련해야 한다.

정리하는 습관을 들이라

나는 정리에 타고난 재주가 있다. 내가 식기세척기에 그릇을 포개 놓는 것을 보면 내가 얼마나 정리를 잘하는 사람인지 알 수 있을 것이다. 반면에 캐롤린은 그릇을 아무렇게나 쌓아둔다. 그러나 재정 관리에 관한 한 나는 전혀 정돈된 사람이 아니다. 나는 매달 청구서를 지불하고 수표책을 결산하면서도 예산을 세워본 적이 없다. 예산을 세우는 것은 돈을 규모 있게 쓰는 데 매우 유용한 수단이다. 이것 역시 부모가 되기 전에 미리 알았다면 좋았을 일이다.

고백하건대 나는 대학원을 졸업할 때까지 예산을 세울 생각조차 못했다. 그러다 취직을 해서 수입이 늘어났고, 지출 내역을 종이에 적어보면서 비로소 새로운 세계에 눈뜨게 되었다. 캐롤린과 나는 딸아이가 대학에 입학하기 몇 년 전부터 학비를 마련해야 한다는 것을 알게 되었고, 돈을 어떻게 쓸지에 대해 보다 분명하고 구체적으로 생각하게 되었다.

샤넌과 스티븐에게도 비슷한 경험이 있다. 샤넌은 "스티븐과 재정 관리에 대해 보다 진지하게 생각하면서 '더 적게 쓰고 더 많이 저축하는' 스티븐의 방식이 별 효과가 없음을 깨달았어요. '우리는 잘해낼 수 있을 것'이라 생각했던 제 낙관적인 전망도 별로 도움이 되지 않았어요. 우리는 정확히 얼마를 지출하고 앞으로 얼마가 더 필요한지 알 수 있도록 꼼꼼하게 재정 관리를 해야 했어요. 그래서 구체적으로 예산을 짠 다음 매달 여유 자금을 어떻게 쓸지 의논했지요. 이것은 보다 나은 미래를 향해 내딛는 커다란 한 걸음이었어요."라고 말했다. 그리고 다음과 같이 말을 이었다. "우리는 여러 해 동안 가정경제가 저절로 굴러갈 것처럼 생각하고 살았어요. 하지만 지금은 예산 안에서 지출하려고 노력한답니다."

　정리하는 습관은 장보러 갈 때도 필요하다. 장볼 물건의 목록을 미리 적어두면 충동구매를 하지 않고 많은 돈을 절약할 수 있다. 옷을 사러 갈 때도 대충 어느 정도 가격대에서 구입할지 생각해두면 변덕스런 기분에 휘둘리지 않고 필요한 옷을 살 수 있다.

　우리가 돈을 가지고 할 수 있는 일은 소비와 저축과 기부, 이렇게 세 가지다. 결혼 전에 캐롤린과 나는 수입의 10퍼센트를 종교 활동에 쓰기로 했다. 우리 둘 다 진지한 믿음을 가지고 있었기 때문에 그렇게 하는 것이 하나님께 영광 돌리는 길이라고 믿었다. 그러나 저축에 대해서는 구체적으로 생각한 바가 없었다. 아이가 생기고 내가 대학원을 마친 후에야 수입의 10퍼센트를 저축하기로 했는데, 이것은 우리가 내린 가장 현명한 결정 중 하나였다.

결국 우리는 남은 80퍼센트로 생활하기 위해 창의성을 발휘해야 했다. 그때의 경험은 다음의 제안으로 이어진다.

창의성을 발휘하면 돈을 절약할 수 있다

어떤 여자들은 창의적인 방법으로 돈을 절약하는 놀라운 재능을 가지고 있다. 그들은 아이의 이유식이나 비누, 옷 등을 직접 만든다. 장을 볼 때는 쿠폰을 사용하고, 일상용품을 재활용하여 필요한 물건이나 장난감을 만들고, 온라인으로 물건을 팔기도 한다. 이 모든 것은 절약을 위한 대단히 창의적인 방법이다.

샤넌은 이런 방법들을 사용하지는 않지만 그녀 나름대로 돈을 절약한다고 믿는다. "스티븐과 저는 에브리의 옷을 카슨에게 물려 입혀서 아이 옷값을 절약한답니다. DVD도 늘 새로운 것을 사는 대신 집에 있는 것들을 보고, 아이들과 야외활동을 할 때도 동네나 가까운 공원으로 갑니다. 공원에서 연을 날리거나 자전거를 타지요. 우리 옷도 평소에 잘 입지 않는 옷을 옷장 가득 쌓아두기보다 몇 가지 옷으로 변화를 주며 입습니다. 이런 것이 우리가 돈을 절약하는 방법들이지요. 저는 대단히 창의적이거나 알뜰하지는 않지만, 약간의 절약도 절약은 절약이니까요. 소비와 저축에 있어서 보다 실제적이고 창의적인 사람이 되려고 노력하는 중이에요."

첫째가 딸이고 둘째가 아들일 경우에는 옷을 물려 입히기가 어렵다. 그러나 캐롤린에게는 우리 아들보다 몇 살 많은 아들을 키우는 친구가 있어서 그 아이의 옷을 우리 아들에게 물려 입힐 수 있었다. 아이가 헌 옷을 물려 입는 것에 콤플렉스를 가질지도 모른다는 걱정은 하지 않아도 된다. 오히려 이를 통해 아이에게 절약 정신을 가르칠 수 있다. 게다가 서로 돕고 사는 것은 권장할 만한 미덕이다. 우리는 다른 집 아이들의 장난감을 물려 쓴 뒤 그것을 다시 다른 집 아이들에게 물려주었다.

또 우리는 야외에서 공놀이를 하거나 실내에서 보드게임을 하는 등 돈이 들지 않는 놀이를 하며 아이들과 시간을 보냈다. 아이들이 더 어릴 때는 크레용으로 색칠놀이를 하기도 했고, 아이들을 무릎에 앉혀 놓고 동화책을 읽어주기도 했다. 덕분에 우리 아이들은 둘 다 책 읽는 것을 좋아한다. 차를 타고 시골 마을을 지날 때는 소가 몇 마리인지 세는 놀이를 했다.(도시에 사는 사람들은 자동차나 빌딩 수를 셀 수 있을 것이다.)

아이들에게 부모인 우리가 어렸을 때 어떤 놀이를 하고 무엇을 하며 지냈는지에 대해서도 이야기를 들려주었다. 아이들이 조금 자라자 캐롤린은 매주 아이들을 데리고 도서관에 갔다. 도서관에서 아이들은 책과 그림을 대출받는 법을 배웠고, 우리는 아이들이 빌려온 그림들을 아이들 방 벽에 걸어주곤 했다.

이처럼 조금만 생각하면 돈이 들지 않으면서도 아이들과 함께할 수 있는 일이 무수히 많다.

캐롤린은 자기 옷을 살 때 할인에 할인을 거듭하여 가격표가 세 번 이상 바뀌어야만 산다. 그렇게 고상한 취향의 옷을 가장 싼 가격에 산다. 나는 그녀에게 옷값으로 얼마를 썼는지 묻지 않고 얼마나 절약했는지 묻는다. 창의성을 발휘하면 돈을 절약하는 데 큰 도움이 된다.

돈을 버는 데도 창의성을 발휘할 수 있다. 우리는 해본 적이 없지만 많은 부모들이 아이들에게 쿠키를 만들어서 바자회에서 팔게 한다. 이렇게 하면 아이들에게 쿠키 만드는 법과 일을 해서 돈을 버는 원리를 알려줄 수 있을 것이다. 또 어떤 전업주부들은 바느질을 하거나 온라인 판매로 수입을 올린다. 이런 식으로 창의성을 발휘하면 가정경제에 많은 보탬이 될 것이다.

시간과 에너지 관리

자기 훈련과 정리하는 습관, 창의성은 재정 관리에도 도움이 되지만 시간과 에너지 관리에도 도움이 된다. 예비 부모들은 아기가 태어나면 혼자만의 시간을 갖기가 얼마나 어려운지 잘 모른다. 아이가 조금 자라서 걸음마를 할 때쯤에는 낮잠 시간이 줄어들고, 조금 더 자라서 학교에 다니게 되면 학교 수업뿐 아니라 과외 활동도 하게 된다. 부모는 직장생활과 집안일에 더하여 아이들 뒤를 쫓아다니며 어질러진 것을 치우고, 장을 보고, 옷을 사고, 아이들을 차로 데려다주어야 한다.

물론 부모 노릇을 하느라 바쁜 것은 좋은 일이다. 자녀들과 함께하는 시간이 더 적으면 좋을 거라고 생각하는 부모는 아무도 없다. 부모는 아이들과 함께 노래하고, 책을 읽고, 연극을 하고, 모래성을 쌓고, 장난감 차 경주를 하고, 그림을 그리고, 공놀이를 하고, 그 밖에 아이들이 좋아하는 활동을 하는 시간을 소중히 여긴다. 아이들이 자라면 많은 부모가 이때를 그리워한다. 이 점을 생각하면 시간이 아깝기보다 오히려 자녀들을 키우는 특권이 고맙게 느껴질 것이다.

캐롤린과 나는 아이들에게 취침 시간을 정해주었다. 아이들이 어렸을 때에는 7시였고, 초등학교에 입학했을 때에는 5분 더 연장한 7시 5분이었다. 그 후 매년 5분씩 연장하여 열두 살이 되었을 때에는 7시 30분이 취침 시간이었다. 물론 고등학교에 입학한 후에는 상황이 달라졌다. 농구와 피아노, 그리고 그 밖의 과외 활동을 해야 했기 때문에 취침 시간이 10시가 되었다. 취침 시간이 되면 아이들은 꼭 잠을 자지 않더라도 각자의 방으로 돌아가 책을 읽거나 잠자리에 들 준비를 해야 했다(침실에서는 TV 시청이 허용되지 않았다). 그렇게 충분히 잠을 잤기 때문에 학교 활동에 열중할 수 있었다. 그리고 아이들이 일찍 잠자리에 든 덕분에 우리 부부는 매일 저녁 두 사람만의 오붓한 시간을 보낼 수 있었다.

많은 부모들이 어떻게 해야 아이들이 TV나 컴퓨터, 스마트폰을 보지 않을 것인지에 대해 고민이 많은 듯하다. 답은 간단하다. 이런 것들이 아이들의 삶을 지배하지 않도록 부모가 조치를 취하면 된다. 집

안에 TV나 컴퓨터, 스마트폰 사용 금지 구역을 만들라. 예컨대 침실에서는 그런 것들을 볼 수 없게 하는 것이다. 그리고 그런 것들을 보는 시간을 제한하라(이에 대해 보다 자세히 알고 싶다면 내가 쓴 『스마트폰에 빠진 아이들, 어떻게 가르칠 것인가?』[Growing Up Social: Raising Relational Kids in a Screen-Driven World]를 참고하라).[4] 아이들은 금세 구조화된 생활에 적응한다. 따라서 부모가 규칙과 한계를 정해주어야 한다.

아이들을 돌보는 데 필요한 시간과 밀접한 관련이 있는 것이 에너지다. 캐롤린과 나는 둘 다 에너지가 많은 편이다. 에너지는 잠을 자거나 운동을 하거나 휴식을 취함으로써 보충할 수 있다. 딸아이를 키울 때 우리는 에너지가 소진되는 것을 느끼지 못했다. 앞서 말했듯 딸아이는 밤낮으로 잠을 많이 잤기 때문에 우리도 잠을 잘 수 있었다. 그러나 잠자는 시간조차 아까워하는 듯한 아들 녀석이 태어난 후로는 에너지가 빠져나가는 게 느껴졌다.

아이들과 놀아주고, 스케줄을 관리하고, 점점 더 늘어나는 아이들의 정서적 필요에 반응하려면 에너지가 있어야 한다. 그리고 에너지를 유지하는 데에도 자기 훈련과 정리하는 습관, 창의성이 필요하다.

자기 훈련의 첫 단계는 어떻게 하면 에너지를 유지할 수 있는지 살펴보는 것이다. 캐롤린이 전업주부가 된 덕분에 우리에게는 이것이 한결 수월했다. 캐롤린은 밤에 아이들을 돌봄으로써 내가 잠을 잘 수

---

[4] Gary Chapman and Arlene Pellicane, *Growing Up Social* (Chicago: Northfield Publishing, 2014). (『스마트폰에 빠진 아이들, 어떻게 가르칠 것인가?』, 생명의말씀사).

있게 해주고, 아이들이 낮잠을 잘 때 같이 잤다. 아이들이 조금 자란 뒤에는 오후에 내가 아이들을 근처 공원에 데려가서 캐롤린이 혼자 시간을 보낼 수 있게 해주었다. 직장에서 스트레스를 받을 땐 집에 돌아오는 길에 차 안에서 10분쯤 휴식을 취하거나 잠깐 산책을 하는 것으로 아이들과 놀아줄 힘을 얻었다.

일의 우선순위를 정한 뒤에는 중요한 일들을 실천할 수 있도록 스스로를 훈련시켜야 한다. 에너지를 유지하여 목표를 이룰 수 있도록 시간 계획을 세워야 한다. 우리 부부의 우선순위 중 하나는 아이들과 질적으로 충실한 시간을 보내는 것이었다. 이는 아이들과 함께하는 시간을 위해 직업적으로나 개인적으로 다양한 기회를 포기하는 것을 의미했다. 대부분의 부모는 아이들이나 배우자와 더 많은 시간을 보내고 싶어 한다. 그러나 자기 훈련이 안 되어 있으면 늘 다른 일에 쫓겨 시간을 내기가 힘들어진다.

정리하는 습관과 창의성은 육아를 잘해내는 데 도움이 될 것이다. 때로는 한꺼번에 여러 가지 일을 하는 것(다른 일을 하면서 아이들과 상호작용하는 것)도 도움이 된다. 샤넌은 이렇게 말했다. "우리 집은 늘 바닥이 지저분해서 날마다 비질을 하고 진공청소기를 돌려야 해요. 제가 비질을 하려고 하면 프레슬리가 쓰레받기를 들고 따라다니고, 진공청소기를 돌릴 때에는 늘 누군가가 제 엉덩이에 매달려 있답니다. 제게는 청소가 일이지만 아이들에게는 놀이예요. 청소를 하면서 동시에 아이들과 함께 시간을 보낼 수 있는 방법은 아이들에게 청소를 돕게 하는 거죠. 물론 아이들과 함께 청소를 하면 시간이 더 걸리지만 그런 것은 중요하지 않아요. 그렇게 해서 청소도 하고 아이들과 함께 시간을 보낼 수도 있다는 게 중요한 거죠."

샤넌은 한꺼번에 여러 가지 일을 하는 것이 늘 효과적이지는 않다는 사실을 인정한다. "때때로 저는 카슨이나 프레슬리를 무릎에 앉힌 채 이메일을 확인할 때가 있어요. 그러면 프레슬리가 휴대폰을 빼앗고 제 팔을 자기 허리에 두르거나 카슨이 노트북에 손을 대는 바람에 결국 노트북을 덮고 아이에게 집중해야 해요. 그런 식으로 아이들은 자기에게 온전히 집중해달라는 의사를 표현한답니다."

시간과 에너지를 관리하는 단 하나의 올바른 방법이 있는 것은 아니다. 그러나 자기 훈련과 정리하는 습관, 창의성 없이는 삶의 균형을 잡기 힘들 것이다.

샤넌과 내가 상담실에서 자주 듣는 불평 중 하나는 "배우자를 아이에게 빼앗긴 느낌이에요. 우리는 늘 모든 것을 함께해왔는데 이제 더 이상 '우리'가 중요한 것 같지 않아요. 우리의 모든 에너지는 아이를 돌보는 데 사용되고 있어요."라는 말이다.

그렇게 지낼 필요가 없다. 그리고 더 이상 그런 일이 일어나지 않도록 계획을 세워야 한다. "계획을 세우지 않는 것은 실패를 계획하는 것과 같다"는 말도 있지 않은가.

결혼생활에 활력을 불어넣는 것에 대해서는 11장에서 보다 자세히 다룰 것이다.

문제는 개인적인 필요를 충족시키는 동시에 좋은 배우자와 좋은 부모가 되기 위해 시간과 에너지와 돈을 어떻게 관리하느냐다. 수천 년간 인류는 아이들을 키워왔다. 오늘날은 기술의 발달로 생활이 더 편리해진 것처럼 보이지만, 그로 인한 스트레스가 더 심할 수도 있다. 자기 훈련과 정리하는 습관, 창의성은 당신으로 하여금 현대의 기술문명에 지배당하지 않고 오히려 문명의 이기를 이용할 수 있게 해줄 것이다.

결혼생활과 아이들에게 시간과 에너지와 돈을 투자하고 당신의 육체적, 정신적, 영적 건강을 유지하는 것이 현명한 투자다.

나눔을 위한 질문

1. 당신은 자녀가 고등학교를 졸업할 때까지 드는 비용에 놀랐는가, 좌절했는가, 압도당했는가, 아니면 긍정적인 생각이 드는가?

2. 당신은 현재 수입 안에서 생활하고 있는가? 만일 그렇다면 얼마나 잘해 내고 있는가?

3. 당신에게 빚이 있다면 빚의 총액은 얼마이고, 빚을 갚기 위한 어떤 계획을 가지고 있는가? 빚에는 학자금 대출도 포함된다. 예산을 수립할 때 대출금 상환액도 포함시키라.

4. 당신은 수입의 10퍼센트를 저축하는가? 만약 아니라면 수입의 10퍼센트를 저축하기 위해 무엇을 할 수 있는가?

5. 당신에게는 글로 쓴 예산서가 있는가? 식비와 의복비, 여가활동비, 저축, 기부 등의 항목에 얼마의 예산을 책정했는가? 만약 예산서가 없다면 예산 수립을 위해 이번 달부터 지출 내역을 기록해보는 것이 어떤가?

6. 당신 부부는 재정 관리에 얼마나 훈련되어 있는가? 아기를 갖기로 한 것이 지출을 줄이는 데 도움이 되는가?

7. 당신은 돈을 절약하기 위해 어떤 창의적인 방법을 사용하고 있는가?

8. 예비 부모로서 수입을 늘릴 창의적인 아이디어에 대해 열린 마음을 갖고 있는가? 만약 그렇다면 이 장에 제시되어 있는 아이디어나 인터넷에 올라와 있는 방법들, 다른 부부들의 경험을 참고하라.

3.

한 형제자매라도 모두 다르다

우리 부부는 자녀들이 각자의 고유한 특성을 가지고 있다는 것을 알면서도 어쩔 수 없이 우리 아이를 다른 집 아이들과 비교하곤 했다. 물론 우리는 우리 딸이 다른 집 아이들보다 더 예쁘고 똑똑하다고 생각했다. 그리고 우리 스스로 모범적인 부모가 되려고 노력했다. 문제는 우리가 육아에 관한 책을 읽거나 컨퍼런스에 참석해본 적이 없어서 그것에 대해 막연한 생각을 가지고 있을 뿐 아는 게 별로 없었다는 것이다. 자연히 우리는 다른 부모들과 육아에 관한 대화를 나누면서 그들의 생각을 받아들이게 되었다. 그러나 그들의 조언은 상충할 때가 많았다. 사람들은 육아에 대해 서로 다른 생각을 가지고 있었고, 아이들 역시 각기 다른 개성을 가지고 있었다.

　결과적으로 우리 아이를 다른 집 아이들과 비교하는 것은 전혀 도움이 되지 않았다. 비교의 덫에 빠지면 공연히 속만 끓이게 된다. 사람들의 조언이 상충할 뿐 아니라 부부의 의견도 서로 다를 수 있기 때문이다. 따라서 공감적 의사소통이 매우 중요하다. 부부는 경쟁자가 아니라 한 팀으로서 친구처럼 서로의 말에 귀 기울여야 한다.

우리는 아이를 다른 집 아이들과 비교할 뿐 아니라 때로는 같은 형제끼리도 비교한다. 이는 사실 아이들에게 매우 부당한 일이고 부모로서도 속이 상하는 일이다. 한 집안의 형제자매라도 모두 다르다는 것을 빨리 깨달을수록 우리는 더 빨리 좋은 부모가 될 수 있다.

아이가 너무 크거나 작다면

아이들마다 차이가 나는 영역을 살펴보자. 아이가 처음 태어났을 때 우리는 보통 가족이나 친지에게 다음과 같이 이야기한다. "딸이에요. 키는 53센티미터고 체중은 3.3킬로그램이랍니다." 그러면 대개 "오, 우리 아이와 비슷하네요. 우리 딸은 키 52센티미터에 3.2킬로그램으로 태어났거든요." 같은 대답이 돌아온다. 물론 이런 대화를 하는 사람들은 주로 엄마들이다. 아빠들은 대개 "딸이고 건강합니다."라고 말한다.

아이가 태어나면 가장 먼저 비교하게 되는 게 키와 몸무게다. 부모들은 걱정스러운 마음에 '몇 킬로그램이 정상 체중일까?' 자문한다. 이런 질문 자체가 잘못된 것은 아니지만, '정상' 체중은 사실 꽤 범위가 넓다. 즉 2.5-4.5킬로그램이면 정상 체중이라고 할 수 있다.

설령 당신의 아이가 이 범위를 벗어난다 해도 그것은 아이에게 심각한 문제가 있음을 의미하는 게 아니라 아이에게 특별한 도움이 필요함을 의미한다. 이런 경우 소아과 의사나 신생아실 간호사가 도움이 될 것이다.

아이가 태어나서 처음 며칠 동안 체중의 5-10퍼센트가 줄어드는 것은 흔한 일이다. 이것 역시 정상적인 현상이니 놀라지 말라. 캐롤린과 나는 이 사실을 몰라서 걱정을 했다. 미리 알았더라면 병원에 전화하는 수고를 덜었을 것이다.

많은 아기들이 생후 7-10일쯤 되었을 때 키가 많이 자라고, 3-6주 뒤에도 많이 자란다. 이때 아이들은 더 많이, 더 오래 먹는다. 이 패턴을 알지 못하는 엄마들은 영문을 몰라 당황할 것이다. 물론 아이들은 다 다르기 때문에 이 패턴도 아이마다 다르게 나타날 수 있다.

부모는 아이가 자라는 동안 계속해서 키와 몸무게에 관심을 갖는다. 예를 들어 어떤 엄마는 아이가 유치원의 또래 친구들보다 작아서 무시를 당하거나 열등감을 느낄까봐 걱정하고, 어떤 엄마는 아이가 몸집이 커서, 운동에 소질이 없는데도 전형적인 운동선수 타입으로 여겨질까봐 걱정한다.

또 다른 부모들은 아이의 체형이나 몸무게를 다른 아이들과 비교하면서 아이가 너무 말랐거나 너무 뚱뚱해서 자존감을 잃을까봐 걱정한다. 이 같은 걱정은 영아기 때부터 유아기까지 계속된다.

키가 안 커서 걱정이라면 의사나 상담가 등 전문가와의 상담을 통해

지식과 새로운 시각과 마음의 평안을 얻으라. 상담을 통해 쓸데없는 걱정에서 놓이는 동시에 아이에게 도움이 될 만한 아이디어들을 얻을 수 있을 것이다.

아이의 키와 관련한 문제를 긍정적으로 다루면 스트레스가 줄어들 뿐 아니라 아이의 자존감과 문제 해결 능력을 키워줄 수 있다.

편식하는 아이

아이마다 차이를 보이는 또 다른 영역은 식습관이다. 앞에서 나는 신생아들이 체중이 줄고 키가 자라는 패턴에 대해 언급했다.

아기가 자라서 이유식을 먹을 정도가 되면 아이의 개성이 보다 뚜렷해진다. 어떤 아이들은 어릴 때부터 다양한 음식을 좋아하는 데 반해 어떤 아이들은 식성이 까다롭다.

지금도 나는 우리 아들이 완두콩이 담긴 스푼을 밀어내며 얼굴을 찌푸리던 것을 기억한다. 그 애는 완두콩은 마다했지만 애플소스는 곧잘 받아먹었다.

샤넌은 자신의 친정어머니 이야기를 들려주었다. 그녀의 어머니가 어렸을 때 외할머니는 가족모임에 땅콩버터와 바나나가 든 샌드위치를 가져가셨다고 했다. 어머니가 다른 것은 먹지 않으려고 했기 때문이다.

나도 어렸을 때 땅콩버터와 젤리가 든 샌드위치를 좋아했다. 집에 바나나가 있을 때에는 바나나 샌드위치도 곧잘 먹었지만 말이다.

샤넌은 아이들에 대한 이야기도 들려주었다. "에브리는 늘 익숙한 음식만 먹다가 여덟 살이 된 후에야 새로운 음식을 입에 댔어요. 카슨은 지금도 편식을 하는데요, 가장 좋아하는 음식이 땅콩버터 샌드위치와 우유랍니다. 요즘은 브로콜리나 옥수수도 먹으려고 해서 그나마 다행이에요. 프레슬리는 아무 음식이나 잘 먹기 때문에 오빠들과 달리 뭘 먹이려고 전쟁을 치를 필요가 없고요."

솔직히 부모들 중에도 편식하는 사람이 많다. 내가 어떤 음식을 싫어하는지는 말하지 않겠다. 내가 싫어하는 음식을 당신이 좋아할 수도 있기 때문이다. 음식에 관한 한 어른인 우리도 호불호가 분명하다. 고등학생인 우리 손자는 지금도 피자에 들어 있는 것을 제외하고는 치즈를 먹지 않는다.

내 생각에는 아이들에게 다양한 음식을 맛보게 하되 먹기 싫은 음식을 억지로 먹게 하지 않는 게 좋을 듯하다. 한입 정도 맛을 보여주는 것은 괜찮다. 하지만 아이가 이유식을 떠먹을 때마다 게워낸다면 한 그릇을 다 먹이려 들지는 말라.

다른 아이들이 먹지 않는 브로콜리를 먹었다고 그 아이만 지나치게 칭찬해주지도 말라. 아이를 건강하고 튼튼하게 해줄 음식은 많다. 아이들마다 좋아하는 음식이 다르다는 것을 받아들이라.

적정한 수면 시간

아이마다 차이가 나는 또 다른 영역은 수면 패턴이다. 모든 아이가 잠을 자야 하지만 필요한 수면의 양은 아이마다 다르다. 우리 딸은 하루에 18시간씩 잠을 잤기 때문에 나는 그 애가 신체적으로나 지적으로 충분한 자극을 받지 못할까봐 걱정이었다. 신생아들은 하루에 11-18시간씩 잔다는 것을 몰랐던 것이다. 딸아이가 태어나기 전에 이러한 사실을 알았다면 걱정이 덜했을 것이다.

영아기 때 뇌의 일차적인 활동은 잠을 자는 것이다. 신생아는 처음 몇 달간 젖을 먹거나 기저귀를 갈 때를 제외하고는 하루 종일 잔다. 생후 6주쯤 되면 수면 리듬이 생기고, 3-6개월쯤 되면 규칙적으로 자다 깨기를 반복한다. 그러나 이 사이클도 아이마다 다르다. 이때 부모가 해야 할 일은 아이의 수면 패턴에 익숙해지고 아이가 자고 싶어 하는 것을 알아차리는 것이다. 졸릴 때 우는 아이도 있고, 눈을 비비는 아이도 있다. 대부분의 소아과 의사들은 아이가 잠든 후가 아니라 피곤해할 때 침대에 눕힐 것을 권한다. 그렇게 하면 아이가 잠드는 과정에 익숙해져서 밤에 자다 깨어도 다시 잠들 수 있기 때문이다.

생후 3-6개월쯤 되면 잠들기 위한 예비단계로 몇 가지 활동을 하는 게 좋다. 아이를 씻기고 책을 읽어주고 노래를 불러주고 기도해주는 것을 꾸준히, 같은 순서로 반복하면 아이는 이 같은 일련의 활동을 잠과 연관시키게 된다.

생후 6개월쯤 되면 아이들이 밤에 자다 깨거나 젖을 달라고 보채지 않는 경우가 있다. 생후 9개월쯤 되면 아이들의 70-80퍼센트가 밤에 깨지 않고 잔다.

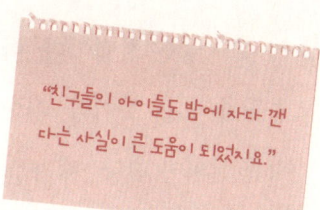
"친구들의 아이들도 밤에 자다 깬다는 사실이 큰 도움이 되었지요."

밤에 젖을 먹지 않는다고 해서 아이가 자다 깨지 않는 것은 아니다. 따라서 아이가 밤에 자다 깬다고 걱정할 필요는 없다. 섀넌은 이렇게 말했다. "우리 아이들은 세 살이 될 때까지 밤에 자다 깨곤 했어요. 그럴 수도 있다는 것을 미리 알아야 했는데…. 아이의 식습관과 수면 습관을 바꿔보려고 노력했지만 별 효과가 없었어요. 결국 밤에 잠을 설치는 것을 육아의 일부로 받아들이게 되었답니다. 친구들의 아이들도 밤에 자다 깬다는 사실이 큰 도움이 되었지요."

이 모든 것이 부모의 수면에 영향을 미친다. 사실 이것은 부모가 된 초기에 겪는 어려움 중 하나다. 부모들은 아이를 병원에서 집으로 데려온 뒤 이틀만 지나도 잠이 부족해진다. 그들은 아이가 자궁 바깥의 새로운 세상에 적응하면 다시 편안한 잠을 잘 수 있을 거라는 희망을 품지만 곧 밤마다 아이에게 젖을 먹이느라 잠을 제대로 잘 수 없다는 것을 깨닫는다.

모유 수유를 하는 경우, 밤에 아이를 돌보는 것은 일차적으로 아내의 몫이 되기 쉽다. 남편은 다른 시간에 아내의 일을 도와줌으로써 아내가 부족한 잠을 보충하도록 해주어야 한다. 아이가 밤에 젖을 먹지 않는데도 자다 깨기를 반복한다면 엄마와 아빠가 교대로 아이를 돌보는 것도 좋은 방법이다. 아이가 둘이면 엄마와 아빠가 한 명씩 맡아서 돌볼 수 있을 것이다. 아이가 자다 깨서 울면 아이에게 무엇이 필요한지를 살펴야 한다. 배가 고파서 울 수도 있고, 기저귀가 젖어서 울 수도 있고, 춥거나 아파서 울 수도 있기 때문이다. 밤에 자다가 일어나 기저귀를 갈고 젖을 먹이는 것은 되도록 빠르고 조용히 해야 한다. 불필요한 전등을 켜거나 큰 소리로 말하거나 아이와 놀아주는 등의 일을 하지 말아야 한다. 이런 식으로 아이에게 필요한 것을 살피면 아이는 부모가 자신을 사랑하고 어떤 경우에도 자신을 돕는다는 것을 알게 된다. 이러한 부모 자식 간의 강한 정서적 유대는 부족한 잠에 대한 보상이 되고도 남는다.

다시 말하지만 아이들은 저마다 수면 패턴이 다르며, 그것은 부모도 마찬가지다. 한 팀으로서 모두가 제대로 잠을 잘 수 있게 하는 것은 어려운 과제지만, 모두의 건강을 위해 필요한 일이다. 잠을 설치고도 잠재력을 발휘할 수 있는 사람은 아무도 없다.

아이가 아플 때

아이마다 차이가 나는 네 번째 영역은 건강이다. 어떤 아이는 몸이 약해서 알레르기나 바이러스, 감기 등에 자주 걸리지만 어떤 아이는 그렇지 않다. 또 어떤 아이는 다른 아이들보다 면역 체계가 강하다.

그러나 모든 아이는 이따금씩 병에 걸린다.

샤넌은 부모들이 흔히 하는 경험을 나눴다. "부모가 되기 전에는 아이들이 얼마나 자주 토하는지 몰랐어요. 우리 아이들은 침대와 차 안, 수영장, 그리고 셀 수 없이 많은 음식점에서 먹은 것을 토해냈어요. 하지만 그것은 병이 아니라 정상적인 거였어요." 당신에게 어린 자녀가 있는데 이런 경험을 한 적이 없다면 당신은 운이 좋은 사람이다.

아이가 아픈 것을 지켜보는 일은 결코 유쾌한 경험이 아니다. 질병은 일과 학교 스케줄에 영향을 미치고, 부모에게 과외의 일과 스트레스를 안겨준다. 아이가 아프면 생활이 정상적으로 돌아가지 않는다. 부모는 아이가 아플 때 누가 아이를 돌볼지에 대해 미리 계획을 세워두는 게 좋다. 좋은 소식은 아이가 아픈 것은 대개 일시적이어서 약을 먹고 휴식을 취하면 낫는다는 사실이다.

불행히도 알레르기가 심한 아이나 만성 질환을 앓고 있는 아이의 경우 약을 먹고 휴식을 취하는 것만으로는 병이 낫지 않을 때가 있다. 이런 경우에는 전문가의 도움을 받아야 한다. 아이가 아플 때 부모들은 죄책감이나 수치심, 분노, 우울감 및 그 밖의 감정들을 느낄 수 있는데, 이런 감정은 다른 사람들과 나눌 때 가장 잘 해결된다. 그러므로 친척이나 믿을 만한 친구들, 목사와 상담가들에게 이러한 감정을 털어놓고 도움을 받으라. 다른 사람들의 지지와 사랑 없이는 아이의 필요를 효과적으로 채워줄 수 없다. 지혜로운 사람은 늘 다른 사람들의 도움을 구한다.

고집스러운 아이와 유순한 아이

아이들의 가장 눈에 띄는 차이점은 성격, 혹은 기질이다. 성격은 삶에 반응하는 양식화된 방식을 말한다. 예를 들어 사람들은 아이가 "고집이 세다"거나 "유순하다"고 말하는데, 이 같은 성격적 특성은 어릴 때부터 나타나며 환경의 영향을 받는다. 모든 아이는 자기만의 고유한 특성을 가지고 있다. 또한 아이들에게는 공통적으로 나타나는 범주가 있다. 지금부터 그중 몇 가지를 살펴보겠다.

첫 번째 범주는 활동 수준이다. 어떤 아이들은 매우 활동적이어서 깨어 있는 동안 끊임없이 움직인다. 그들은 기어 다니며 세상을 탐험하다가 얼마 후에는 걷거나 높은 곳에 기어오른다. 침대에 누워서도 모빌을 향해 손을 뻗는 등 끊임없이 움직인다. 반면 가만히 앉아서 조용히 노는 것을 좋아하는 아이들도 있다. 그들은 끊임없이 움직이는 대신 시각과 청각을 통해 세상을 탐험하며, 조금 더 자라면 마당에서 놀기보다 책을 읽는다. 부모가 활동적인 사람이라면 물수제비를 뜨고 정글짐에 기어오르는 것보다 책읽기를 좋아하는 아이에게 실망할 수도 있다.

두 번째 범주는 반응의 강도다. 어떤 아이들은 감정을 크고 분명하게 표현한다. 그들은 모든 것에 강하게 반응한다. 행복할 때는 나중에 커서 오페라 가수가 되는 게 아닌가 싶을 만큼 요란하게 웃고, 슬프거나 화가 날 때는 소리를 지르거나 물건을 집어던지거나 누군가를 때

린다. 부모가 보기에 그들은 사소한 일에 과하게 반응한다. 반대로 반응 강도가 약한 아이들은 소란스럽게 구는 일이 거의 없다. 그들은 조용하고, 보통 아이들보다 잠을 많이 자며, 감정을 강하게 표현하지 않는다.

세 번째 범주는 끈기, 혹은 집중하는 시간이다. 끈기 있는 아이들은 목표에 도달할 때까지 계속 노력한다. 그러나 집중하는 시간이 짧은 아이들은 하던 일을 중간에 그만두고 다른 일에 관심을 보인다.

네 번째 범주는 새로운 사람에 대한 반응이다. 당신은 아이가 그의 세계에 들어온 누군가를 보고 좋아하며 미소 짓기를 바랄 것이다. 그러나 아이들은 미소를 짓는 대신 굳은 얼굴과 의문이 가득한 눈빛으로 빤히 쳐다보기만 할 수도 있다. 어떤 아이들은 미소를 지으며 심지어 악수까지 하지만, 어떤 아이들은 낯선 사람들을 피해 부모 등 뒤로 숨는다.

마지막 범주는 적응력, 혹은 변화에 대한 반응이다. 어떤 아이들은 유치원에 간 첫날부터 즐겁게 놀이에 참여하지만, 어떤 아이들은 울면서 부모의 손을 꼭 붙잡고 놓지 않는다. 어떤 아이들은 유치원 식당에 금세 적응하지만, 어떤 아이들은 먹기를 거부한다. 놀이를 그만두게 하거나 TV를 끄면 어떤 아이들은 떼를 쓰지만, 어떤 아이들은 금세 적응하고 그 다음 활동에 관심을 보인다.

그 밖에도 여러 범주가 있지만 더 열거하지 않겠다. 당신은 이미 내가 무슨 말을 하려는지 알 것이다. 아이들은 저마다 성격이 다르다.

대부분의 부모는 아이의 성격에 대해 깊이 생각하지 않는다. 아이가 태어나면 우리는 솜털이 보송보송한 머리에 키스하지만, 그 아이가 훗날 크레용으로 벽에 낙서를 하리라고는 상상도 하지 못한다. 그러나 아이마다 성격이 다르다는 사실을 고려하면 아이의 행동을 이해하기가 좀 더 쉬울 것이다. 물론 아이마다 성격이 천차만별이라고 해서 아이들을 가르치고 훈련시켜야 할 우리의 책임이 사라지는 것은 아니다. 하지만 어떤 아이들에게는 낯선 사람에게 긍정적으로 반응하거나 과제를 완수하거나 교회에서 가만히 앉아있기가 힘들다는 것을 이해하는 데 도움이 될 것이다.

> 마음에 안 드는 아이의 성격적 특성이 훗날 성인이 된 아이에게 도움이 될 수도 있다고 생각하면 한결 마음이 놓일 것이다.

부모가 자녀의 성격이 바뀌길 바라는 것은 정상적인 사고다. 부모는 아이가 보다 외향적이길 바라기도 하고, 덜 부산스러웠으면 하기도 한다. 그러나 아이의 성격적 특성은 환경의 영향을 받기는 해도 근본적으로 변하지는 않는다. 아이의 특정한 성격 때문에 힘들어하는 부모는 아이의 성격을 마음에 들어 하지 않는 자신의 성격 때문에 힘든 것일 수 있다. 혹은 자신의 잘못된 육아 방식을 드러내주는 아이의 행동에 당황한 것일 수도 있다.

하지만 마음에 안 드는 아이의 성격적 특성이 훗날 성인이 된 아이에게 도움이 될 수도 있다고 생각하면 한결 마음이 놓일 것이다. 예를 들어 반응 강도가 높은 아이들은 종종 열정적이고 창의적인 성인이 되어 리더십을 발휘한다. 낯선 사람이나 환경에 적응하는 데 시간이 많이 걸리는 아이들은 사려 깊고 공감 능력이 뛰어난 성인이 되어 상담이나 돌봄 활동 등에서 탁월한 능력을 발휘하기도 한다.

   우리 아들과 딸은 거의 모든 면에서 달랐다. 우리 부부가 부모가 되기 전에 아이마다 성격이 다르다는 것을 알았다면 좋았을 것이다. 그랬다면 딸을 기준으로 아들을 키우는 우를 범하지 않았을 것이다. 우리는 결국 두 아이의 성격이 다르다는 것을 받아들이게 되었고, 아이들이 성인이 된 지금 두 아이를 똑같이 자랑스럽게 생각한다. 우리 아이들은 각자 자신만의 방식으로 세상에 공헌하는 중이다. 당신이 이 장을 읽고 나서 자녀를 다른 집 아이들과 비교하거나 둘째아이를 첫째아이와 비교하는 일이 줄어들었으면 한다.

나눔을 위한 질문

1. 당신에게 형제자매가 있다면 그들 한 명 한 명과 어떻게 다른가?

2. 당신의 부모님은 당신과 다른 형제들을 비교한 적이 있는가?

3. 어렸을 때 당신은 스스로를 또래 친구들과 비교한 적이 있는가? 만약 그랬다면 어떤 면을 비교했는가? 자신을 다른 사람들과 비교함으로써 자존감이 높아졌는가, 아니면 자존감에 상처를 입었는가?

4. 어렸을 때 싫어한 음식이 있는가? 당신의 편식을 보고 부모님은 어떻게 반응하셨는가? 부모님의 반응이 당신에게 좋은 영향을 미쳤는가?

5. 부모님에게서 당신이 어렸을 때 어떤 수면 패턴을 가지고 있었는지 들은 적이 있는가?

6. 부모님이 당신을 다른 형제들과 비교한(혹은 비교하지 않은) 것에서 무엇을 배울 수 있는가?

7. 이 장에서 언급한 다양한 영역에서 당신의 자녀가 다른 아이들과 다르다는 것을 받아들일 준비가 되었는가?

8. 자녀의 성격에 대해 배우자와 대화를 나누고 "자녀를 있는 그대로 받아들이고, 다른 형제들과 비교하거나 우리가 생각하는 완벽하고 이상적인 모습에 맞추려 하지 않겠다"고 결심하라.

4.

배변훈련은 결코 우습게 볼 일이 아니다

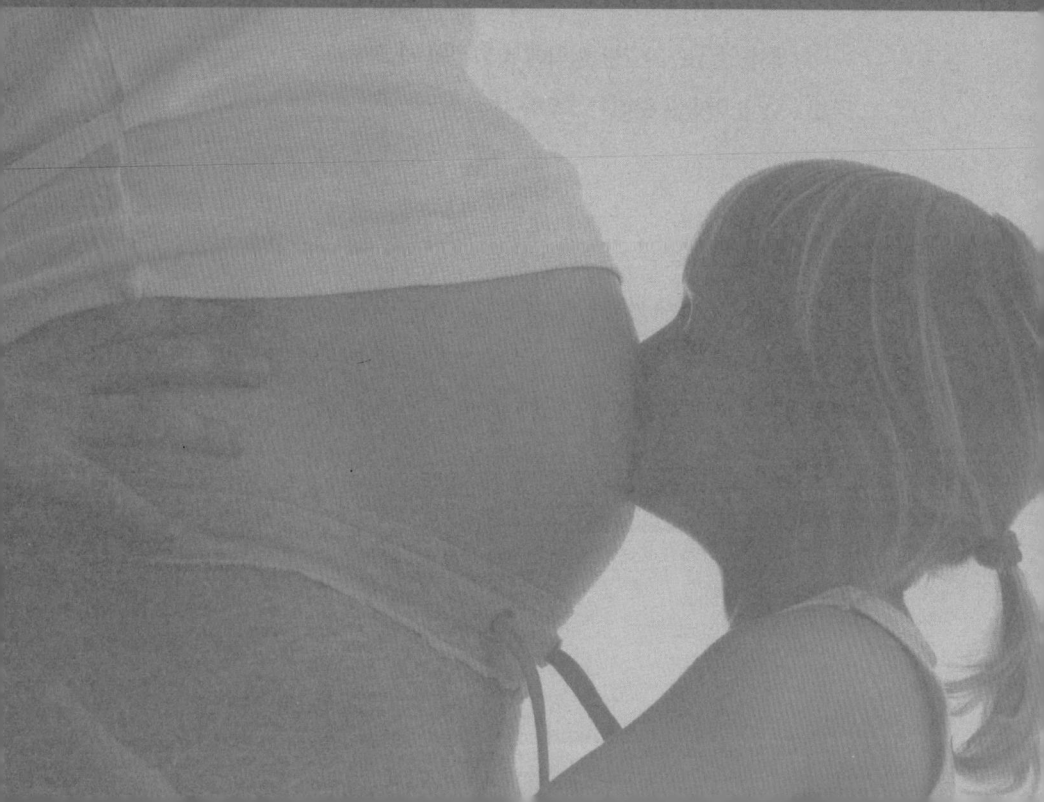

부모가 되기 전까지 우리 부부는 배변훈련에 대해 생각해본 적이 없었다. 아이들이 언제까지나 기저귀를 차고 다니지 않는다는 것은 알고 있었지만 언제 어떻게 그 다음 단계로 옮겨갈지에 대해서는 생각하지 못했다.

그러다 몇 차례 기저귀를 갈아준 뒤 나는 저절로 아내에게 묻게 되었다. "이 일을 얼마나 더 오래 해야 하지요? 아이들은 대체 언제쯤 변기를 사용하나요? 어떻게 하면 아이가 변기를 사용하게 할 수 있을까요?" 하지만 나는 곧 환상에서 깨어나 배변훈련이 그야말로 장난이 아니라는 것을 알게 되었다.

이 장을 통해 당신이 아이의 배변훈련에 보다 잘 준비될 수 있기를 바란다. 샤넌과 나는 상담실을 찾아오는 사람들에게 우선 그들이 먼저 준비가 되어야 한다고 말해준다. 중요한 첫걸음은 당신의 시각과 아이의 시각이 매우 다를 수 있음을 인정하는 것이다.

부모들은 배변훈련이 바람직하며 그리 어렵지 않다고 생각하는 경향이 있다. 그들은 아이에게 "이제 다 컸으니까 기저귀를 차고 다니고 싶지 않을 거야, 그렇지? 자, 잘할 수 있어. 그러니까 한번 해보자."라고 말한다.

하지만 아이는 변기에 앉아 있는 게 두렵고 혼란스럽다. 그들은 아마도 이렇게 생각할 것이다. '대체 나한테 뭘 원하시는 거예요? 나는 기저귀를 차고 다니는 게 좋아요. 저보고 변기에 앉으라고요? 차라리 그 안에 빠져버릴 거예요!'

아이의 시각을 고려할 때 우리는 애정과 인내심을 가지고 배변훈련에 접근할 수 있다.

변기 사용은 아이에게 커다란 변화다. 이 같은 변화에 적응하는 아이의 마음을 이해하면 배변훈련이 아이와 당신 모두에게 한결 수월해질 것이다.

부모가 저지르기 쉬운 가장 흔한 실수 중 하나는 배변훈련을 너무 일찍 시작하는 것이다. 기저귀를 빨리 떼고 싶은 마음에 부모는 아이에게 그가 할 수 없는 일을 강요한다.

그러나 앞 장에서 살펴보았듯이 아이들은 저마다 다르다. 어떤 아이는 생후 18개월에 배변훈련을 시작하지만 어떤 아이는 세 살이 되어서야 배변훈련을 시작한다.

그렇다면 배변훈련을 시작해야 할 시기를 어떻게 알 수 있을까?

준비되었는가?

우선 아이를 관찰하라. 아이가 배변훈련을 시작해도 될 만큼 자랐음을 알려주는 몇 가지 신호가 있다.

첫 번째 신호는 아이가 기저귀를 갈 때가 되었다는 것을 표현하는 것이다. 그럴 때 아이는 자기 기저귀를 가리켜 보이거나 새 기저귀를 꺼내온다. 혹은 부모나 형제들이 화장실을 사용하는 것을 보고 화장실 사용에 관심을 보이기도 한다.

아이가 꽤 오래 잠을 잤는데도 기저귀가 젖어 있지 않은 경우에도 배변훈련을 시작할 만큼 자랐음을 알 수 있다. 배변훈련을 너무 일찍 시작하면 훈련 기간이 길어져서 부모와 아이 모두 힘들 수 있다.

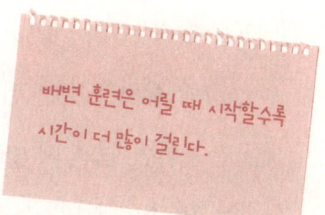

배변 훈련은 어릴 때 시작할수록 시간이 더 많이 걸린다.

아이가 준비되었다고 생각되면 그 다음 문제는 부모의 준비 상태다. 부부 중 한 사람이 새로운 일을 시작했거나 최근에 아이를 돌봐주는 사람이 바뀌었다면 배변훈련을 시작하지 말라. 몇 주 안에 이사할 계획이 있어도 배변훈련을 조금 미루라.

부모 모두 신체적, 정서적, 정신적으로 준비가 되어 있는가? 배변훈련은 결코 만만치 않다는 사실을 기억하라. 혹 지인들에게서 배변훈련에 성공하기까지 1-2주쯤 걸린다고 들었을지 모르겠다. 하지만 꼭 그렇지만은 않다. 생각처럼 잘 안될 때도 있다.

아이가 대소변을 가리게 되기까지는 통상 3-5개월이 걸린다. 어릴 때 시작할수록 시간이 더 많이 걸린다. 그러므로 장기전에 돌입할 준비를 하라.

부모와 아이가 모두 준비되었을 때 가장 먼저 할 일은 유아용 변기나 유아용 변기 커버를 사는 것이다. 전문가들은 주로 유아용 변기를 권하지만 선택은 당신 몫이다. 유아용 변기 커버를 살 때는 화장실 변기에 부착했을 때 편안하고 안정감 있는 것으로 구입하라. 또한 아이가 변기에 오르내리기 편하고 대장 운동을 할 때 힘을 줄 수 있도록 발판도 함께 사는 것이 좋다.

자, 그럼 장비를 갖춘 뒤에 본격적으로 어떻게 시작해야 할까? 그림책을 사용하면 쉽고 재미있게 아이의 흥미를 유발할 수 있을 것이다. 시중에『변기야, 안녕?』(Potty, It's Potty Time),『"오, 화장실이 급해요!"』(Uh Oh! Gotta Go!),『모두가 응가를 해요』(Everyone Poops),『변기 이야기』(Once Upon a Potty) 같은 좋은 책들이 많이 나와 있다(포털사이트에서 쉽게 검색할 수 있다). 이런 책에는 아이들이 좋아할 만한 글과 그림이 있어서 아이들이 배변훈련을 이해하고 그대로 따라하는 데 도움이 된다.

아이가 배변훈련의 개념을 이해하면 변기의 물을 직접 내리게 함으로써 흥미를 유발할 수 있다. 많은 아이가 실제로 변기를 사용하기 전에 물을 내리는 데 관심을 보이기 때문이다. 변기의 물을 내려보면서 아이들은 변기의 기능에 대해 보다 잘 이해하게 될 것이다.

변기에 앉아보자!

어느 시점이 되면 부모는 아이가 유아용 변기나 화장실 변기에 부착한 유아용 변기 커버에 앉도록 아이를 격려해주어야 한다. 몇몇 소아과 의사들은 처음에는 아이가 옷을 입은 상태로 변기에 앉힐 것을 권한다. 편안한 마음으로 아이가 변기에 앉을 수 있게 하기 위함이다. 그런 다음 기저귀나 옷을 벗고 앉히는 단계로 나아간다. 이때 강한 저항에 부딪히면 일주일쯤 내버려두었다가 다시 시도해보는 게 좋다. 억지로 밀어붙였다가는 훈련 기간만 더 길어질 뿐이다.

어떤 부모들은 아이가 좋아하는 봉제인형을 사용하여 아이의 이해를 돕기도 한다. 아이가 유아용 변기에 앉아 있는 동안 인형을 장난감 변기에 앉혀두는 식으로 말이다.

아이에게 '형아'나 '언니'들이 입는 속옷을 사주는 것도 동기 부여가 된다. 어린이용 속옷에는 아이들에게 익숙한 만화 캐릭터가 그려져 있는 경우가 많다. 변기를 사용하면 이런 속옷을 입을 수 있다고 말해주면 변기를 사용하고 싶은 마음이 커질 것이다.

날마다 일정한 시간에 변기에 앉는 습관을 들이는 게 좋다. 그렇게 하면 비록 변기 사용에 실패하더라도 아이가 변기에 앉는 것을 생활의 일부로 받아들이게 된다. 어떤 부모들은 아이가 변기에 앉아 있을 때 책을 보여주기도 하는데, 그 책이 '변기 사용'에 관한 것이라면 특히 도움이 될 것이다.

옷을 벗고 변기에 앉기 시작했는데도 변기 사용에 성공하지 못할 경우 아이에게 기저귀를 채워주지 않으면 아이가 요의를 느낄 때 변기에 가서 소변을 보기도 한다. 일단 변기에 소변을 보는 데 성공하면 중요한 단계를 지난 셈이다. 두 번째 단계는 대장운동이다. 여기에 성공하면 거의 다 된 것이나 마찬가지다. 그러나 완벽하게 해내리라는 기대는 하지 말라. 가끔은 실수할 때도 있을 것이다. 하지만 날이 갈수록 성공 확률이 높아질 것이다.

밤에는 어떡할까?

낮에 대소변을 가릴 수 있게 되었다면 밤 시간 훈련도 생각해보아야 한다. 당신을 실망시키고 싶지 않지만 여기에는 보다 많은 시간이 걸린다. 이것은 아이가 얼마나 깊이 자고 아이의 방광이 소변을 얼마나 잘 붙잡아두느냐에 달렸다. 며칠 동안 밤에 기저귀를 채우지 않는 것도 좋은 방법이다(침대가 젖지 않도록 주의하라). 결과가 좋지 않으면 다시 기저귀를 채우라. 아이에게 그가 아직 준비가 안 되었고, 한 달쯤 뒤 다시 시도해보자고 이야기하라.

잠자리에 들기 직전에 화장실에 가게 하거나 자기 전에 물을 많이 마시지 않게 하는 것도 도움이 된다. 그러나 아이가 곧바로 성공하지 못한다 해도 당황할 필요가 없다. 소아과 의사들에 따르면 어떤 아이들은 몇 달, 혹은 몇 년 동안 이부자리에 오줌을 지린다. 당신의 아이가 그러지 않기를 바라겠지만, 설사 그런다 해도 비정상이 아니니 걱정하지 말라.

바람직한 태도

다음과 같은 태도로 아이의 배변훈련에 임할 것을 권한다. 배변훈련은 쉽지 않은 일이지만, 다음의 아이디어들이 도움이 될 것이다.

1) 여유를 가지고 기다리라

거듭 말하지만 아이들은 저마다 다르다는 것을 기억하라. 아이를 억지로 변기에 앉혀두지 말라. 뜻대로 안 된다고 변기 사용을 강요하면 훈련 기간만 더 길어질 뿐이다. 아이에게 벌을 주고 싶을 만큼 속이 상할 땐 잠시 시간을 갖고 마음의 여유를 찾으라. 언젠가 아이는 변기 사용법을 터득하게 된다. 그러므로 너무 걱정할 것 없다. 부모가 여유를 가지고 아이를 기다려줄 때 부모와 아이 모두에게 좋은 결과가 있을 것이다.

2) 즐거운 마음으로 임하라

되도록 즐거운 마음을 가지면 훈련 과정이 즐거워진다. 어떤 부모들은 노래를 지어 부름으로써 배변훈련을 즐거운 놀이로 만든다. 예컨대 '반짝 반짝 작은 별' 노래에 맞춰 "변기에 쉬할 때는 이렇게, 이렇게 하면 돼요." 하고 노래하는 식이다. 물론 다른 동요를 개사해서 불러도 좋다. 이런 식으로 재미를 불어넣으면 아이의 불안감을 없애는 데 도움이 될 것이다.

3) 적절한 보상을 하라

성공에 대한 보상으로 작은 선물을 주면 아이는 계속 노력할 것이다. 특별한 스티커나 초콜릿, 그 밖에 아이가 좋아하는 것이면 무엇이든 좋다. 보상이 될 만한 것은 많으니 그중 가격이 적당하고 센스 있는 것으로 고르면 된다.

아이가 노력했다면 비록 성공하지 못했더라도 작은 선물을 주라. 단, 너무 과도한 선물은 안 된다. 커다란 막대사탕이나 값비싼 장난감을 선물하면 잘못된 메시지를 전달할 수 있기 때문이다.

이런 경우 아이는 조금 더 자라서 무언가를 할 때 선물을 협상 조건으로 내밀 것이다. "할게요. 하지만 새 자전거를 사주셔야 해요." 하는 식으로 말이다.

4) 실패를 예상하라

배변훈련은 결코 만만치 않다는 사실을 거듭 기억하라. 이 일은 성공하기까지 무수히 많은 실패를 반복한다. 그러므로 아이가 실패할 수도 있다고 생각하면 실망이 덜할 것이다.

아이가 방바닥에 실수를 하거나 공공장소에서 속옷을 적실 수 있다고 예상하면 현실감각을 가지고 배변훈련에 접근할 수 있고, 쓸데없는 감정 낭비를 줄일 수 있다.

5) 아이가 원할 때 즉시 화장실로 데려가야 한다

샤넌이 이렇게 말했다. "아이들은 식당에서 음식이 나왔을 때나 고속도로에 막 진입했을 때 화장실에 가고 싶어 해서 남편과 저를 당황시키곤 해요. 아니면 콘서트에 갔을 때나 스포츠 경기를 관람할 때, 그것도 우리가 가장 좋아하는 노래가 나올 때나 경기의 가장 중요한 순간에 화장실에 가고 싶어 하는 놀라운 능력이 있답니다."

아이가 화장실에 가고 싶어 하면 그 즉시 데려갈 수 있어야 한다.

공중화장실에 대해 한 마디만 더 하겠다. 당신이 아이에게 배변훈련을 시키는 중이라면 언제까지나 집 안에 있는 화장실만 사용할 수는 없다.

배변훈련 때문에 여행이나 외식을 포기하지는 말라. 외출할 때 유아용 변기나 유아용 변기 커버를 가지고 다니라. 일회용 변기 시트커버와 손 세정제를 챙기는 것도 중요하다.

당장은 아이의 건강이 염려되어 공중화장실 사용이 꺼려지겠지만 언젠가는 세균에 대한 공포를 이겨내고 공중화장실의 편리함을 받아들이게 될 것이다.

6) 인내심을 가지라

조만간 아이는 혼자서도 화장실을 사용할 수 있게 될 것이다. 그러나 드물게 신체장애로 그러지 못하는 경우가 있다. 이런 경우에는 전문가의 도움을 받아 아이가 화장실을 사용할 수 있게 해주어야 한다.

이보다 흔하지만 역시 해결하기 쉽지 않은 문제는 밤에 이부자리에 오줌을 지리는 것이다. 이 문제는 십대가 될 때까지 계속되기도 한다. 이런 경우 오줌을 지리는 아이를 위해 특별히 제작된 흡수성 좋은 속옷을 입히는 것도 방법이다. 아이에게 이런 문제가 있다면 소아과 의사와 상담을 하거나 이런 아이들을 위한 제품을 생산하는 '굿나이트'(GoodNites) 같은 회사의 웹사이트를 방문하는 등 문제 해결을 위해 노력하라.

아이가 밤에 오줌을 지리는 이유가 무엇이든, 또 그 기간이 얼마나 오래 가든 부모가 인내심을 가지고 이 문제를 다루면 장기적으로 부모와 아이 모두에게 도움이 될 것이다.

배변훈련 도중 작은 성공이라도 보이면 축하하라.

7) 성공을 축하하라

최종 목표에 도달할 때까지 기다리지 말라. 훈련 도중 작은 성공이라도 보이면 하이파이브를 하거나 아이를 껴안아주거나 즐겁게 춤을 추거나 그 밖에 당신이 아이의 성공을 자랑스러워한다는 것을 보여줄 만한 무언가를 하라. 어쨌거나 당신과 아이가 배변훈련을 위해 한 노력은 축하받을 만하다!

이 경험은 먼 훗날까지도 아이에게 당신과 함께 문제를 해결한 소중한 기억으로 남을 것이다. 배변훈련은 쉽지 않은 일이지만 당신은 이 과정을 통해 아이에게 인내심과 부지런함, 격려, 희망, 성공의 기쁨 같은 다양한 덕목을 가르칠 수 있다. 배변훈련은 아이가 유년기에 경험하는 다른 문제들을 해결하는 데에도 도움이 된다.

수백만 명의 부모들이 아이의 배변훈련에 성공했으며, 당신 또한 그러할 것이다. 당신은 잘 기억 못하겠지만 당신도 어렸을 때 배변훈련을 했고, 당신의 부모님도 배변훈련을 했다. 그러므로 용기를 내라. 당신은 잘할 수 있을 것이다. 어쩌면 당신은 이 장을 읽고 난 후 여기에 나오는 것들 중 몇 가지를 경험하고 미소를 짓게 될지도 모른다.

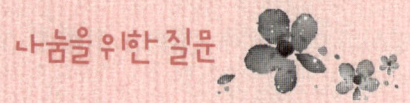

나눔을 위한 질문

당신은 아이가 태어나기 전까지 배변훈련에 대해 생각해본 적이 없을 것이다. 그러나 배변훈련을 할 때가 오면 다음의 제안들이 도움이 될 것이다.

1. 이 장을 다시 읽고 우리가 나눈 실제적인 아이디어에 밑줄을 치라.

2. 당신의 어릴 적 배변훈련에 대해 부모님과 대화를 나누라. 부모님은 어떤 방법을 사용하셨으며, 당신은 얼마나 오랫동안 배변훈련을 했는가?

3. 아이의 배변훈련에 성공한 부모와 대화를 나누라. 그들은 어떤 방법을 사용했으며, 성공하기까지 얼마나 걸렸는가?(세상에 똑같은 아이는 없다는 것을 기억하라)

4. 인터넷에서 배변훈련에 관한 글을 찾아 읽으라.

5. 유아용 변기와 유아용 변기 커버의 장단점에 대해 배우자와 이야기하라.

6. '반짝 반짝 작은 별' 노래에 맞춰 "변기에 쉬할 때는 이렇게, 이렇게 하면 돼요."라고 노래하는 연습을 해보라(배우자와 함께 노래하면 폭소가 터질 것이다). 이후 적당한 때가 되면 아이와 함께 이 노래를 부르라.

7. 긍정적인 태도로 임하라. 그리고 조만간 당신의 자녀가 화장실을 사용할 수 있게 된다는 사실을 기억하라.

5.

되고 안 되는 확실한 경계가 있어야 한다

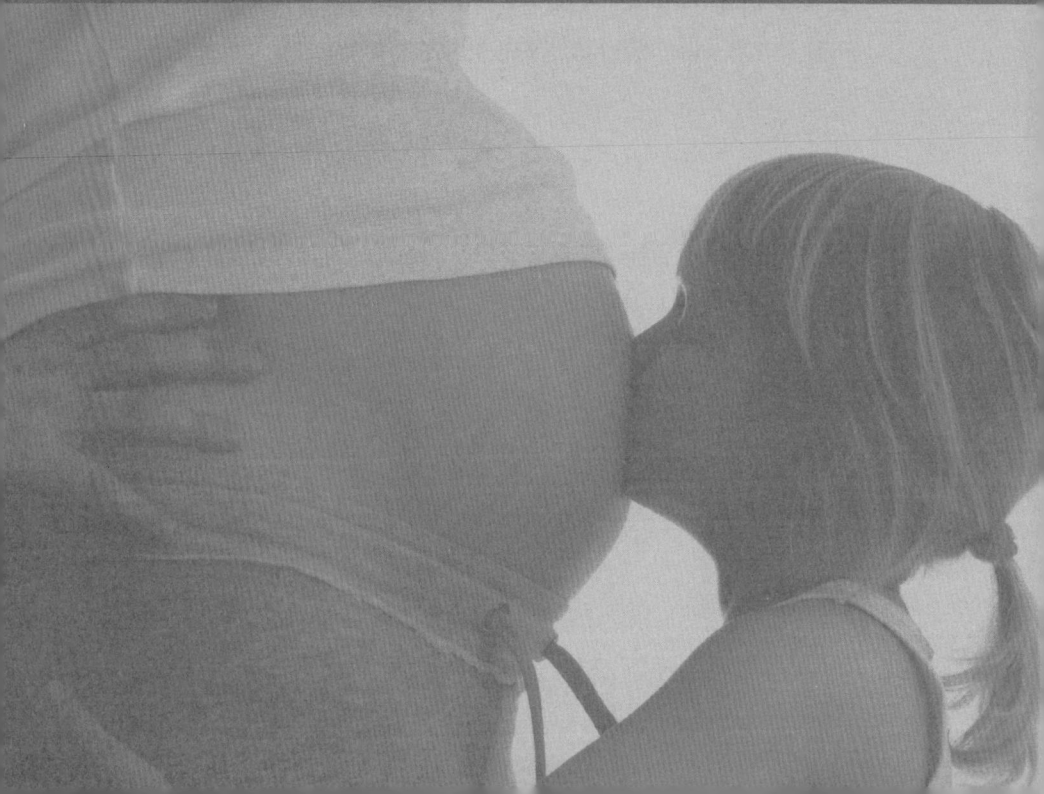

막연하게나마 나는 자녀를 위험으로부터 보호하고 바른 길로 인도하려면 부모가 규칙을 정해주어야 한다는 것을 알고 있었다. 하지만 이 과정이 언제 시작되고 얼마나 오래 갈지는 알지 못했다. 돌아보니 그것은 18년에 걸친 작업이었고, 처음 10년이 가장 중요했다. 사실 처음 10년간 아이를 얼마나 건강한 경계 안에서 살게 해주느냐에 따라 당신과 십대 자녀의 관계가 결정된다.

건강한 경계는 자녀의 안전에 대한 관심에서 비롯된다. 경계는 한 세대에서 다음 세대로 전해져 내려오는 임의적인 규칙이 아니다. 우리는 아이들이 건강하고 안전하기를 바라고, 올바른 결정을 내릴 수 있는 사람이 되기를 바란다. 세상에 좋은 영향을 미칠 수 있는, 책임감 있고 자제력 있는 사람이 되기를 바란다.

> 처음 10년간 아이를 얼마나 건강한 경계 안에서 살게 해주느냐에 따라 당신과 십대 자녀의 관계가 결정됩니다.

그러나 문화가 변해감에 따라 아이들의 성장을 돕는 방법도 달라진다. 때로는 문화 자체가 아이들의 안전을 위한 새로운 규칙을 낳는다. 샤넌은 내게 신생아를 병원에서 집으로 데려가기 위해 유아용 카시트에 앉히는 순간부터 이미 경계가 시작된다는 것을 상기시켜주었다.

경계의 시작

미국에서 아기를 낳으면 병원에 있는 간호사나 다른 직원에게 아기를 안전하게 데리고 갈 유아용 카시트가 있다는 증거를 반드시 제시해야 한다. 미국 도로교통안전법에 따르면 어린아이를 차에 태울 때에는 반드시 유아용 카시트를 사용해야 한다. 우리 큰아이가 태어났을 당시만 해도 이런 법규가 없었지만, 요즘은 어린이 안전이 크게 위협을 받는 상황이라 이와 같은 법규가 마련되었다.

당신이 병원에서 갓 태어난 아기를 데리고 나와 유아용 카시트에 앉힐 때는 (몇 분간 울겠지만) 별다른 저항을 하지 않을 것이다. 그러나 조금 자라면 카시트 안에 가만히 앉아 있으려고 하지 않을 것이고, 걸음마를 할 때쯤에는 규칙을 따르기보다 자기 마음대로 하고 싶어 할 것이다. 그러면 부모는 안전수칙에 대해 알지도 못하고 관심도 없는 아이를 강제로 유아용 카시트에 앉혀야 하는 상황에 직면한다. 이런 경우 어떻게 해야 하는가?

당신은 국가에서 정한 규칙을 지키도록 스스로를 훈련시켜야 한다. 그것이 아이의 안전을 지키는 길이기 때문이다. 샤넌은 이럴 때 "내가 카시트에 앉힐까, 아니면 너 스스로 앉을래?"라고 하거나 "다섯 셀 때까지 카시트에 앉으렴. 하나, 둘, 셋….." 하며 수를 센다고 했다. 그러면 아이들에게 선택권이 주어져 모두가 만족할 수 있다고 말이다. 물론 아이들은 반드시 유아용 카시트에 앉아야 한다. 따라서 설득이 안 통할 때는 물리력을 동원해서, 다만 애정을 가지고 조심스럽게 카시트에 앉혀야 한다. 어떤 부모들은 화가 나서 억지로 카시트에 앉히려다가 아이를 다치게 한다. 이런 일이 없도록 주의해야 한다.

기운을 내라! 아이가 네 살 정도 되면 대개 스스로 카시트에 앉을 수 있고 부모의 도움 없이도 안전벨트를 맸다 풀었다 할 수 있다. 부모는 이를 반기겠지만 곧 새로운 불편을 느끼게 될 것이다. 샤넌은 자신의 경험담을 들려주었다. "우리 부부는 아이 중 한 명이라도 안전벨트를 매지 않으면 운전을 계속할 수 없다는 것을 상기시키기 위해 여러 번 멈춰섰어요. 그렇게 하면 대체로 문제가 해결되거든요. 특히 아이스크림을 사러 갈 때요. 물론 그렇게 해서 문제가 해결되지 않으면 부모의 권위로 (바라건대 사랑에서 우러나온 친절한 태도로) 말을 듣게 해야 하죠."

내가 카시트에 대해 이토록 오래 이야기하는 것은 바로 여기서부터 (아이를 차에 태우는 첫날부터) 모든 게 시작되기 때문이다. 아이는 이때 처음으로 규칙을 지키는 데서 오는 유익을 경험하게 된다. 아이가 책임감 있는 시민으로 성장하려면 법규를 지키는 게 중요하다.

> 나는 문화인류학을 공부하면서 도덕률이 없는 문화는 존재하지 않는다는 것을 알게 되었다.

나는 상담학을 공부하기 전에 대학교와 대학원에서 문화인류학을 공부했는데, 그 과정에서 도덕률이 없는 문화는 존재하지 않는다는 것을 알게 되었다.

모든 문화에는 아이들이 해도 되는 일과 해서는 안 되는 일이 있으며, 그것은 어른들의 경우에도 마찬가지다. 부모는 아이들에게 사회에서 일반적으로 받아들여지는 행동 규범을 가르치는 데 있어서 가장 중요한 역할을 한다. 아기들은 스스로 삶의 방식을 결정할 수 없으며, 부모가 정해준 규칙 없이는 성인이 될 때까지 생존할 수 없다.

아이가 어릴 때에는 부모가 규칙을 정하고 아이의 행동을 통제해야 한다. 이것은 아이가 타오르는 불 가까이에 가려 할 때 그를 제지해야 함을 뜻한다. 아이가 걸음마를 할 때쯤이면 차에 치이는 일이 없도록 길거리에 혼자 나가지 못하게 해야 하고, 약품이나 독성물질을 아이 손이 닿지 않는 곳으로 치워야 한다.

현실성 있는 규칙

초기에는 부모가 전적으로 자녀의 행동을 통제해야 하지만 점차 자녀 스스로 규칙을 지킬 수 있게 해주어야 한다. 모든 아이에게는 이같은 성숙의 과정이 필요하며, 모든 부모는 아이가 성숙한 성인이 되도록 도울 책임이 있다. 이것은 지혜와 상상력과 인내심과 큰 사랑을 요하는 일이다. 당신이 예전의 나보다 더 잘 준비된 부모가 되는 데 이 장이 도움이 되기를 바란다.

먼저 부모가 자녀들보다 나이가 많다는 단순한 사실에서 시작하자. 부모는 연륜만큼 아이보다 지혜로울 것이다. 그러므로 부모는 아이들을 위한 가장 좋은 규칙을 만들어야 한다. 오늘날의 부모들은 분주한 일상에 지친 나머지 아이들이 밤늦게까지 자지 않고 깨어 있거나 인스턴트 음식을 먹도록 내버려두기 쉽다. 더 위험한 것은 아이들을 자기 통제가 안 되는 사람으로 키우는 것이다. 애정에 기반한 건강한 가정에서는 부모의 권위가 아이들의 유익을 위해 사용된다. 이런 가정의 부모는 높은 윤리관과 도덕 기준을 가지고 있으며, 친절과 사랑, 정직, 용서, 성실, 근면, 배려 등의 미덕을 가치 있게 여긴다. 이런 부모에게 순종하는 자녀들은 건전한 권위 아래에서 생활하는 유익을 누릴 것이다.

그러나 건강한 규칙을 이야기하기 전에 보다 중요한 문제를 논해야 한다. 부모는 아이의 발달 단계를 고려해서 적절한 행동과 그릇된 행동을 구분해야 한다. 이를테면 아이가 주변 세계를 탐색하기 위해 하는 행동은 적절하다. 즉 한 살배기가 음식을 가지고 놀다가 주방을 엉망으로 만든다거나, 두 살배기가 말을 배우느라 다른 사람들의 요청에 "안 돼!"라고 말한다거나, 세 살배기 아이가 욕조 안에서 물을 튕기는 것 등은 아이의 발달 단계상 적절한 행동이다. 아이가 조금 더 자라면 생활 집기를 이용하여 성을 만들기도 하고, 그림을 그리다가 테이블에 색연필 자국을 남기기도 하고, 자전거를 타다가 부모의 자동차에 흠집을 내기도 한다. 물론 이런 행동은 부모를 화나게 할 만한 행동이므로 부모는 이를 계기로 자녀에게 해도 되는 일과 해서는 안 되는 일을 가르칠 수 있다. 그러나 이런 행동은 결코 그릇된 행동이 아니며, 아이의 발달 단계상 충분히 예측할 수 있다.

> 아이들은 '사랑 탱크'가 비어 있을 때 그릇된 행동을 하기 쉽다.

아이들은 끊임없이 주변 세계를 탐색하고 새로운 것을 발견하며, 거기서 기쁨을 얻는다. 그들의 신체적, 인지적 능력이 자라감에 따라 실수도 줄어들고 규칙도 보다 잘 지키게 된다. 따라서 부모는 아이들의 실수를 그릇된 행동으로 간주하지 말고 먼저 아이의 발달 단계를 고려해야 한다. 부모가 시간을 두고 꾸준히 규칙을 가르치면 아이들은 무엇이 올바른 행동이고 무엇이 그릇된 행동인지 이해하게 되고, 부모는 보다 확신을 가지고 아이들의 적절한 행동과 그릇된 행동을 구분할 수 있게 된다.

아이가 고의로 규칙을 어겼을 땐 그 이유를 알아보아야 한다. 유명한 정신분석가 알프레드 아들러는 네 가지 가능성을 제시했다. 즉 아이들이 그릇된 행동을 하는 것은 관심을 끌기 위해서일 수도 있고, 힘을 행사하기 위해서일 수도 있으며, 보복을 하기 위해서일 수도 있고, 아이가 부족해서일 수도 있다. 여기에 나는 '사랑이 필요해서'라는 한 가지 가능성을 더하고 싶다. 아이들은 '사랑 탱크'가 비어 있을 때 그릇된 행동을 하기 쉽다. 따라서 아이의 그릇된 행동 이면의 숨은 동기를 이해하면 보다 긍정적으로 반응할 수 있을 것이다.

아들러는 아이가 그릇된 행동을 했을 때 여기에 대한 당신 자신의 감정을 들여다보면 아이가 왜 그런 행동을 하는지 알 수 있다고 말했다. 아이의 동기가 관심을 끌려는 것이라면 당신은 짜증이 날 것이고, 힘을 행사하기 위한 것이라면 당신은 화가 나서 아이를 힘으로 누르려 들 것이다. 보복을 위해서라면 당신은 상처를 받을 것이고 어쩌면 아이에게 창피를 주려 할지도 모른다. 아이가 부족해서 그런 것이라면 당신은 무력감을 느끼고 아이와 거리를 두게 될 것이다. 이와 같이 스스로의 감정을 잘 알게 됨으로써 당신은 아이의 그릇된 행동을 보다 잘 이해하고 보다 효과적으로 대응할 수 있을 것이다.[5]

그러면 이제 건강한 경계를 설정하는 과제로 시선을 돌려보자. 경계는 아이의 건강한 신체적, 정서적 발달을 위해 부모가 정한 규칙들이다. 경계를 정할 때는 이를 어겼을 때 따라오는 결과에 대해서도 알려주어야 한다. 아이들은 모든 행동에 따른 결과를 배워야 한다. 즉 규칙을 지키면 긍정적인 결과가 따라오고, 규칙을 어기면 부정적인 결과가 따라온다는 것을 알아야 한다. 이 과정은 규칙을 정하고, 규칙을 어겼을 때 따라오는 결과를 알려주고, 실제로 그 결과를 체험하게 하는 세 단계로 이루어진다. 이제 이 세 가지 단계에 대해 살펴보겠다.

---

[5] Rudolph Dreikurs, *Children: The Challenge* (New York: Hawthorn/Dutton, 1964)(『민주적인 부모가 된다는 것』, 우듬지).

규칙 정하기

규칙에는 해야 하는 것과 해서는 안 되는 것이 있다. 때문에 규칙은 가정생활의 가이드라인이 되어준다. 우리 집에서는 식탁에서 껌을 씹거나, 주방에서 농구공을 튕기거나, 촛불을 켜놓은 채 집을 나가거나, 소파에 뛰어오르거나, 개를 괴롭히는 등의 행동을 하면 안 된다. 그리고 연장을 사용한 뒤에는 제자리에 두어야 하고, 장난감을 가지고 논 후에는 잘 정리해야 하며, 방에서 나올 땐 불을 꺼야 한다. 입고 난 옷은 세탁실에 두어야 하고, 식탁에서 먼저 일어날 때는 양해를 구해야 한다. 이와 같이 모든 가정에 규칙이 있을 것이다. 하지만 모든 가정의 규칙이 다 건강한 것은 아니다.

좋은 규칙에는 네 가지 특성이 있다. 즉 **의도적**이어야 하고, **상호적**이어야 하며, **합리적**이어야 하고, **가족의 합의**가 전제되어야 한다.

의도적인 규칙이란 의도적인 생각이 바탕이 된 것을 말한다. 일순간의 짜증에서 비롯된 것이 아니라 그것이 왜 필요하고, 목표하는 바가 무엇이며, 진정으로 모두의 유익을 위하는지 등을 고려한 규칙이다.

단순히 어릴 때부터 지켜왔다는 이유로 지키는 규칙은 의도적인 규칙이라 할 수 없다. 예를 들어 우리 집에는 한때 '식탁에서는 노래하지 않는다'는 규칙이 있었는데, 어느 날 캐롤린이 내게 왜 그 규칙을 지켜야 하느냐고 물었다. 나는 "어렸을 때 우리 집에서는 식탁에서 노래하지 않는 게 규칙이었어요."라고 대답했다. 캐롤린은 "우리 집에서도 그랬어요. 하지만 식탁에서 노래하는 게 왜 나쁘죠? 그건 기쁨을 표현하는 방법 중 하나예요. 나는 아이들에게 식탁을 둘러싼 좋은 기억이 많았으면 해요."라고 말했다. 그 말에 나는 대답할 말을 찾지 못했고, 결국 우리는 그 규칙을 없애기로 했다.

둘째, 좋은 규칙은 엄마와 아빠가 상호 합의한 것이어야 한다. 우리 부부는 서로 다른 가정환경에서 자랐기 때문에 어릴 때부터 지켜온 규칙도 서로 달랐다. 결혼한 뒤에도 나는 내가 지켜온 규칙을 고수했고 아내는 그녀가 지켜온 규칙을 고수했다. 그래서 두 사람의 규칙이 상충할 때면 갈등이 빚어지곤 했다. 이런 갈등을 해결하기 위해서는 상대방의 말에 귀를 기울이고 상대방을 존중하며 두 사람 다 동의할 수 있는 해결책을 모색해야 한다. 예를 들어 당신은 아이들이 일부러 트림을 하는 것을 예의에 어긋나는 행동이라고 생각하는 반면 당신 남편은 그것을 귀엽다고 생각한다 하자. 이런 경우 집이나 차 안에서는 트림하는 것을 금하는 대신 뒷마당에서는 허용하는 방법을 생각해볼 수 있다. 부모가 규칙에 대한 의견 차이로 자녀들 앞에서 언쟁을 벌이면 아이들은 혼란을 겪게 되고, 결국 언쟁에 끼어들 것이다.

또한 건강한 규칙은 합리적이어야 한다. 합리적인 규칙에는 자녀들에게 좋은 영향을 미치는 긍정적인 기능이 있다. 합리적인 규칙은 그 근저에 '이 규칙이 자녀를 위한 바람직한 규칙인가? 이 규칙이 자녀의 삶에 긍정적인 영향을 끼칠 것인가?' 같은 질문이 깔려 있다. 다음은 규칙을 정할 때 생각해보아야 할 실제적인 질문들이다.

- 자녀를 위험으로부터 보호해주는가?
- 자녀에게 정직, 근면, 친절 등의 긍정적인 성격적 특성을 가르치는가?
- 자녀에게 물건을 소중히 다루는 법을 가르치는가?
- 자녀에게 책임감을 가르치는가?
- 자녀에게 예의범절을 가르치는가?

이런 것들이 우리가 부모로서 관심을 갖는 내용이다.

우리는 자녀들을 위험으로부터 보호하기 원한다. 어린 자녀가 차에 치이는 것을 원치 않고, 십대 자녀가 마약 하는 것을 원치 않는다. 우리는 자녀에게 긍정적인 성격적 특성을 가르치기 원하고, 자녀들이 다른 사람들의 물건을 소중히 여기기 원한다. 그런 점에서 뒷마당에서 야구를 하지 못하게 하는 규칙은 아이들이 이웃집 유리창을 깨지 않게 해줄 것이다. 또한 우리는 자녀들이 자기 물건을 잘 관리하기 원한다. 따라서 밤에는 자전거를 창고 안으로 넣게 하는 규칙은 의미 있는 규칙이다.

건강한 규칙은 가족 모두에게 분명하게 설명된 것이어야 한다. 즉 말하지 않은 규칙은 부당한 규칙이다. 자녀들이 알지도 못하는 규칙을 지킬 것이라 기대하는 것은 말이 안 된다. 부모에게는 자녀들에게 규칙을 알려줄 책임이 있다. 그리고 자녀들은 자라면서 부모가 왜 그런 규칙을 정했는지 알아야 한다.

규칙을 정할 때 다른 부모들이나 교사들, 친척들과 상의하고 책이나 잡지를 참고하는 것도 바람직하다. 가능한 최상의 규칙을 만들기 위해 부모들은 얻을 수 있는 모든 지혜를 끌어 모아야 한다.

결과 정하기

도로 표지판에 '제한 속도 위반시 벌금 250달러'라고 쓰여 있었다. 나는 가속페달에서 발을 뗐다. 250달러를 내고 싶지 않았기 때문이다. 이처럼 법을 어기면 대개 부정적인 결과가 따라온다. 우리 사회의 어려움 중 하나는 잘못된 행동에 대한 결과가 길고 지루한 법정 다툼 때문에 늦게 적용되고, 그마저도 매우 미미하다는 것이다. 지난 몇십 년간 위법 행위가 증가한 것도 이러한 연유다. 즉 사람들이 법을 준수하게 할 효과적인 방법은 빠르고 확실하게 결과를 체험시키는 것이다.

가정에서도 동일한 원리가 적용된다. 자녀들은 규칙을 어긴 결과를 체험함으로써 규칙을 지켜야 한다는 것을 배운다. 다시 말해 자녀들이 규칙을 지키게 할 효과적인 방법은 규칙을 어긴 데 따르는 불편을 감수하게 하는 것이다.

결과에는 자연적 결과와 논리적 결과 두 종류가 있다. 자연적 결과는 부모가 뭔가를 하지 않아도 저절로 따라오는 결과를 말한다. 예를 들어 아이가 밥을 먹지 않으면 자연히 배가 고파질 것이다 (자연적 결과).

이때 부모는 아이에게 밥을 먹이려고 애쓸 필요가 없다. 배가 고프면 아이 스스로 밥을 먹으려 할 것이기 때문이다. 아이가 배고파하면 저녁을 안 먹어서 그런 거라고, 다음 날 아침에 밥을 먹을 수 있다고 알려주라. 이것이 너무 잔인하다고 생각되면 아이에게 간식을 주되 다음에 또 다시 저녁을 안 먹으면 간식의 양이 줄어들 것이라고 말하라. 식사를 한 끼 거른다고 건강에 문제가 생기는 것은 아니다. 오히려 이를 계기로 저녁식사는 가족이 다 같이 모여 식사하는 시간임을 가르칠 수 있을 것이다. 밥을 안 먹는다고 아이를 달래거나 억지로 먹이거나 창피를 주거나 나무랄 필요가 없다. 그냥 아이의 선택을 받아들이고 아이에게 가르칠 순간을 기다리면 된다.

다른 경우에는 논리적 결과를 체험하게 하는 게 더 현명한 선택일 수 있다. 논리적 결과는 규칙을 어긴 행위와 논리적 연관성이 있다. 예를 들어 아이가 전자기기나 장난감을 가지고 놀다가 치우지 않고 그냥 두었다고 하자. 집에서 정한 규칙에 의하면 장난감을 가지고 논 후에는 제자리에 가져다 놓아야 하고, 이를 어기면 다음 날 장난감을 가지고 놀 수 없다. 장난감을 정리하지 않은 아이에게 이 규칙을 적용하면 아이는 다음부터 장난감을 가지고 논 후 그것을 제자리에 가져다 둘 것이다.

규칙을 정할 때는 규칙을 어길 때 따라오는 결과도 함께 정하고 아이에게 규칙과 결과 모두를 알려주는 게 좋다. 예를 들어 집 안에서는 공을 던지지 않기로 규칙을 정했다면 이것을 어길 때 공을 이틀간 차

트렁크 안에 넣어두기로, 그리고 만약 무언가를 깨뜨렸을 경우에는 규칙을 어긴 사람이 자기 용돈으로 수리비를 내기로 결과까지 같이 정하는 것이다. 규칙도 분명하고 결과도 분명하다. 그리고 모든 사람이 잘 알고 있다. 이렇게 해두면 아이가 규칙을 어겼을 때 엄마와 아빠 모두 무엇을 어떻게 해야 할지 알게 되고, 아이도 어떤 결과가 따라올지 예측할 수 있다. 따라서 부모는 아이에게 화를 내거나 소리를 지르지 않고 친절하게 말할 수 있을 것이다.

이제 건강한 경계의 세 번째 특성으로 넘어가보자.

친절하고 단호하게

결과를 체험하게 할 때 중요한 것은 일관성이다. 하루는 결과를 체험하게 하고 다음 날에는 그냥 넘어가면 아이가 혼란에 빠진다. 그것이 규칙인지 아닌지 알 수 없게 되어버리는 것이다. 부모의 감정 상태에 따라 자녀를 훈육하는 때와 방법이 달라져서는 안 된다. 이것이 바로 자녀가 규칙을 어기기 전에 그것을 어겼을 때의 결과를 미리 정해두는 중요한 이유다.

결과를 미리 정해두면 아이가 규칙을 어겼을 때 어떻게 해야 할지 고민할 필요가 없다. 당신은 이미 어떻게 해야 할지 알고 있다. 그저 결과를 체험하게 하되 친절하고 단호한 태도로 하라.

> 하루는 결과를 체험하게 하고 다음 날에는 그냥 넘어가면 아이가 혼란에 빠진다.

로스 켐벨 박사와 공저한 『자녀의 5가지 사랑의 언어』[6]에서 우리는 자녀를 사랑으로 훈육하라고 권했다. 자녀에게 결과를 체험하게 할 때 자녀의 주된 사랑의 언어를 구사하라는 말이다. 예를 들어 아이의 주된 사랑의 언어가 '인정하는 말'이라면 아이가 집 안에서 공을 던지지 않기로 한 규칙을 어겼을 때 이렇게 말할 수 있을 것이다. "마크, 내가 너를 얼마나 자랑스러워하는지 잘 알 거야. 너는 규칙을 어긴 적이 거의 없는 착한 아이지. 하지만 이번에는 집 안에서 공을 던지지 않기로 한 규칙을 어겼어. 그러니까 이제 어떻게 될지 알지?" 그러면 마크는 "네, 죄송해요. 잊고 있었어요."라고 대답할 것이다. 그러면 당신은 다시 이렇게 말할 수 있다. "네 심정을 이해 못하는 것은 아니야. 하지만 규칙은 규칙이니까 이틀간 공을 차 트렁크 안에 넣어두기로 하자. 다행히 아무것도 깨지지 않았구나. 나는 늘 네가 자랑스럽다. 규칙을 잘 지키는 것도. 사랑한다, 우리 아들." 그러면 마크는 속상해하면서도 사랑받는 기분으로 공을 건네줄 것이고, 규칙을 어기면 그에 따르는 결과를 감수해야 한다는 것도 배우게 될 것이다.

이처럼 분명하게 경계를 정해주는 것의 중요성은 아무리 강조해도 지나치지 않다. 그것은 아이의 안전을 위해서뿐 아니라 아이의 자존

---

[6] Gary Chapman and Ross Campbell, *The 5 Love Languages of Children* (Chicago: Northfield Publishing, 2012)(『자녀의 5가지 사랑의 언어』, 생명의말씀사).

감과 성품, 의사결정 능력을 기르는 데도 대단히 중요하다. 많은 부모들이 아이가 경계를 넘어서는 것을 쉽게 허용한다. 바쁜 일상에 지친 부모들은 종종 너무도 피곤한 나머지 아이의 저항에 부딪힐 때 순순히 굴복하고 만다.

그러나 경계가 무너질 때마다 아이가 느끼는 안전감도 줄어든다. 아이는 경계에 저항하면서도 무의식적으로는 그 장벽이 견고하기를 바란다. 장벽이 무너질 때 아이의 세계는 혼란스러워진다. 상담실을 찾아온 어느 15세 소년이 이렇게 말했다. "무언가를 표방하는 사람이 이제 더 이상 존재하지 않나요? 사람들은 여건이 되면 모든 것을 용납하는 것 같아요. 저는 어른들이 우리를 보다 잘 인도해주면 좋겠어요. 어른들은 살면서 배운 게 있으니까 우리가 실수하지 않도록 도울 수 있지 않나요?" 그 소년은 규칙과 경계의 중요성을 깨닫고 있었다. 비록 그의 부모는 그렇지 않을지라도 말이다.

당신이 자녀들을 위해 건강한 경계를 설정하는 데 이 장이 도움이 되길 바란다. 부모의 역할 중 이보다 중요한 것도 별로 없을 것이다.

나눔을 위한 질문

1. 당신이 아기를 기다리는 중이라면 지금이 유아용 카시트를 구입해야 할 때다. 아니면 마음에 드는 유아용 카시트를 점찍어 두었다가 당신에게 선물하고 싶어 하는 사람에게 알려주어도 좋다.

2. 배우자와 함께 어렸을 때 가정에서 지키던 규칙의 리스트를 작성하라. 그리고 그 규칙들 중 어떤 것을 자녀들에게 적용할지 상의하라.

3. 그 밖에 또 다른 중요한 규칙이 있는가?

4. 자녀가 규칙을 어겼을 때 어떤 논리적 결과를 체험시켜야 할지에 대해 배우자와 상의하라.

5. 당신이 어렸을 때 부모님이 규칙을 어겼을 때의 결과를 알려주신 적이 있는가? 만약 그런 적이 없다면 당신이 규칙을 어겼을 때 부모님은 어떻게 반응하셨는가?

6. 당신은 부모님의 훈육이 부당하다고 느낀 적 있는가? 만일 그랬다면 어떤 점이 부당하게 여겨졌는가?

7. 집 안을 둘러보고 아이들이 다치지 않게 할 방법을 배우자와 상의하라.

8. 당신은 규칙을 잘 지키는 편인가? 당신이 보이는 본이 자녀에게 어떤 영향을 미칠 거라 생각하는가?

6.

정서 건강은 신체 건강만큼 중요하다

우리 아이들은 둘 다 내가 상담가가 되기 전에 태어났다. 나는 인류학과 사회학, 헬라어, 히브리어, 신학을 공부했지만 정서에 대해서는 아는 게 거의 없었다. 물론 때때로 사랑받는다는 느낌이나 슬픔, 행복, 분노, 짜증, 실망감 등을 느끼지만, 나는 그것을 아내 때문이라고 여겼다. 즉 아내가 내게 잘해주면 인생이 아름답게 느껴졌고, 아내가 내게 심하게 굴면 거부당한 느낌을 비롯한 부정적인 감정을 느끼며 상처를 받았다. 이와 같이 나는 부정적인 감정들을 다루는 방법을 알지 못했고, 때문에 우리 부부는 한동안 힘든 시간을 보냈다. 그렇게 몇 년이 지난 후에야 상대의 말에 귀 기울이고, 서로를 존중하며, 언쟁을 벌이기보다 해결책을 모색하게 되었다.

하지만 이것은 '서로 잘 지내려고 애쓰는' 두 성인의 일이다. 아이들과 아이들의 정서적 필요는 아예 내 머릿속에 없었다. 몇 년 뒤 아동발달에 대해 공부하면서 내 앞에 완전히 새로운 세계가 펼쳐졌다. 나는 우리 아이들을 보다 잘 이해하게 되었으며, 내가 아이들의 정서 발달에 중요한 역할을 했음을 깨달았다. 그런 연유로 이 장에서는 아이들의 정서 건강에 대해 미리 알아두면 좋을 것들을 나누고자 한다.

부모들은 자녀의 신체 건강에 마음을 쓴다. 그래서 정기적으로 병원에 가고, 자녀에게 이상 징후가 보이면 여기저기 전화를 한다. 밤에 자다 깨면 아이가 숨을 쉬는지도 확인한다. 이 모든 게 자녀의 건강을 염려하는 부모의 마음에서 비롯된 것으로, 이 같은 염려는 지혜롭고 자연스러우며, 또 필요한 것이다. 자녀의 생존과 건강은 다른 모든 것에 우선한다.

> 정서 건강과 신체 건강은 부모가 지속적으로 관심을 기울여야 하는 영역이다.

그러나 자녀가 살아있고 건강할 때, 그 다음으로 관심을 가져야 할 부분은 자녀의 정서적 건강이다. 정서 건강과 신체 건강은 부모가 지속적으로 관심을 기울여야 하는 영역이다. 즉 자녀를 건강하고 책임감 있는 사람으로 키우려면 이 두 가지가 다 필요하다. 어떤 부모들은 자녀의 정서적 필요에 대해서는 거의 생각하지 않는다. 그들은 '나는 자녀를 사랑하고 자녀가 건강하게 자라도록 최선을 다하고 있어. 그러니까 잘 자랄 거야.'라고 생각한다. 그러나 바라고 믿는 것만으로는 충분하지 않다. 부모는 자녀의 정서 건강을 위해 일찍부터 마음을 써야 한다. 당신 자녀의 정서적 필요는 무엇인가?

대학 때 심리학 기초 과목을 들은 사람이라면 존 볼비의 애착 이론[7]과 에릭 에릭슨의 심리사회적 발달 단계[8]에 대해 들어보았을 것이다. 내가 샤넌과 이 장에 대한 아이디어를 교환할 때 샤넌이 내게 이 중요한 이론들을 상기시켜 주었다. 이 유명한 심리학적 모델들은 자녀들의 정서 건강을 위해 노력하는 부모들에게 중요한 통찰을 제공한다. 그러므로 이제 이 두 모델에 대해 간략하게 살펴보겠다.

애착의 중요성

애착은 서로 사랑하는 사람들 간의 정서적 유대다(당신이 배우자와 이런 관계에 있기를 바란다). 부모와의 사이에 이러한 유대가 형성되어 있지 않은 아이들은 성인이 되어서도 깊은 정서적 유대 관계를 맺기 어렵다. 볼비에 의하면 부모는 자녀의 정서적, 신체적 필요에 반응함으로써 애착을 키우고, 자녀는 이런 부모를 보면서 그들이 늘 곁에서 돌봐주리라는 것을 알게 된다. 그리고 부모 자식 간의 이러한 정서적 유대를 통해 자녀에게 안전감이 발달한다. 초기의 애착 이론가들은 아이에게 음식을 제공하는 것만으로도 이런 애착 관계를 형성할 수 있을 거

---

7) John Bowlby, *A Secure Base: Parent-Child Attachment and Healthy Human Development* (New York: Basic Books, 1988)(『존 볼비의 안전기지』, 학지사).

8) Erik H. Erikson, *Childhood and Society* (New York: Norton, 1964)(『유년기와 사회』, 연암서가).

라 생각했다. 그러나 시간이 지나면서 부모가 안아주고, 말을 걸어주고, 노래를 불러주고, 안전한 환경을 만들어주는 등 아이의 정서적인 면을 돌봐주는 것이 아이의 애착 형성에 지대한 영향을 미친다는 것을 알게 되었다. 이렇게 부모가 아이의 정서적인 면에 관심을 기울일 때 아이들에게 안전감이 생기고, 차츰 자신감을 가지며 주변 세계를 탐색하게 된다. 또한 어릴 때 형성된 부모와의 정서적 유대는 아이가 자라면서 다른 사람들과 관계를 맺을 수 있게 도와준다. 즉 어렸을 때 경험한 부모와의 정서적 친밀감은 훗날 아이가 성인이 되었을 때 사람들과의 관계에서 신뢰와 친밀감을 형성하게 해주는 원천이다. 이것이 바로 부모가 사랑과 신뢰와 건강한 기대로 가득한 환경에서 어린 자녀들과 되도록 많은 시간을 보내야 하는 이유다.

정서 발달 단계

볼비와 동시대를 산 에릭 에릭슨은 이러한 정서적 유대를 매우 중시하여, 그의 심리사회적 발달의 8단계 중 첫 번째 단계로 '신뢰감 대 불신감'을 들었다. 이것은 0-18개월 때 경험하는 단계다. 이 시기의 영아들은 다양한 종류의 불확실성을 경험하는데, 부모의 애정 가득한 돌봄이 이러한 불확실성을 완화시켜 준다. 즉 부모가 지속적인 관심과 애정을 쏟을 때 아이들의 두려움은 그들의 필요가 충족되리라는 희망으로 바뀌고, 이러한 희망은 곧 삶의 다른 모든 국면에 영향을 미치는 안전감을 가져다준다.

에릭슨의 심리사회적 발달 모델의 두 번째 단계인 '자율성 대 수치감'은 18개월-3세 때 경험하는 단계다. 이 시기의 아이들은 주변 세계에 대한 호기심이 증가하고 주변 세계를 탐색하는 능력도 더 커진다. 아이의 안전에 신경을 쓰는 동시에 아이가 주변 세계를 탐색하도록 격려해주는 부모들은 아이가 제 나이에 어울리는 자유를 경험하게 함으로써 자율성과 자존감을 길러준다. 그 결과 자신이 가치 있는 사람이며 인생을 성공적으로 살아갈 수 있으리라 확신하는 믿음은 아이 평생에 매우 긍정적인 영향을 미친다. 반대로 자율적으로 행동하거나 실패로부터 배울 기회가 주어지지 않을 때 아이들은 스스로를 믿지 못하게 되고 수치감을 경험하며, 자신이 인생을 성공적으로 살아갈 수 없을 거라 느낀다. 따라서 부모는 아이들이 자기 나이에 어울리는 수준의 독립성을 발휘할 수 있도록 격려해주어야 하며, 그렇게 함으로써 아이들에게 자율성을 길러줄 수 있다.

세 번째 단계인 '주도성 대 죄책감'은 3-5세에 경험한다. 이 시기의 아이들은 다른 아이들과 함께 노는 것에 보다 많은 관심을 보이고 호기심도 왕성해진다. 그들은 스스로 결정하고 싶어 하기 때문에 보다 주도적으로 행동한다. 그래서 이 시기에는 아이들이 뭔가를 하려고 할 때 부모가 적절한 격려의 말을 해주면 아이들의 자존감이 향상되고 목적의식도 뚜렷해진다. 반면 부모가 적절한 격려의 말을 해주지 않거나, 부정적인 말을 하거나, 아이가 하고자 하는 일을 못하게 하면 아이들은 자신의 행동이 잘못되었거나 무가치하다고 느낀다. 부모의 부정적이고 비판적인 말은 아이에게 죄책감을 불러일으킬 수 있다. 물론 아이들도 성인들처럼 이따금씩 잘못된 결정을 하지만, 그럴 때 부모는 아이의 본래 의도를 이해하고 아이에게 주도적으로 행동할 올바른 방법을 가르치는 기회로 삼아야 한다.

　자녀의 주도성을 키워줄 한 가지 방법은 긍정적인 두 개의 결정 중 하나를 선택하게 하는 것이다. 예를 들어 부모는 아이에게 "네 자전거를 저녁식사 전에 들여놓을래, 아니면 저녁식사 후에 들여놓을래?"라고 물을 수 있다. 이때 둘 중 어느 쪽을 택하든 아이는 주도적으로 행동하게 된다. 이와 같이 아이들은 자신이 스스로 결정해보면서 조금씩 결정하는 법을 배운다.

　네 번째 단계인 '자신감 대 열등감'은 5-12세 때 경험하게 된다. 이 시기의 아이들은 전 단계에서 획득한 주도성을 바탕으로 뭔가를 이루고자 하는 욕구와 능력과 지식이 급속도로 증가한다. 그들은 자신이 잘해나가고 있다는 느낌, 즉 유능감과 또래집단에게 받아들여지고 있다는 느낌을 받고 싶어 하며, 또한 부모나 교사, 코치에게도 인정받기 원한다. 따라서 부모와 또래집단, 교사, 코치 모두 아이들이 잠재력을 발휘하도록 도울 수 있다. 이들이 격려하고 지지해주면 아이들은 목표를 이룰 수 있다는 자신감과 스스로에 대한 믿음을 갖게 된다. 반면 지지해주지 않거나 공연히 비판적인 말을 하거나 아이가 하고자 하는 일을 못하게 하면 아이들은 열등감과 낮은 자존감을 갖게 된다.

아이에게 인정하는 말을 할 때는 결과가 아니라 과정에 초점을 맞추라. 다섯 살짜리 아이가 이불을 갰다면 "네가 이불 개는 것을 봤어. 정말 열심히 하더구나."라고 말해줄 수 있을 것이다. 그리고 그날 밤 "내일 아침에 이불을 갤 때는 이렇게 하면 좋을 거야."라고 말한 뒤 이불 개는 팁을 알려줄 수 있을 것이다. 그러면 아이는 인정받는다고 느끼고 기꺼이 그 조언을 받아들일 것이다. 열 살짜리 아이가 잔디를 깎았다면 "덤불 밑의 잡초는 제거하지 않았구나. 덤불 밑에 있는 이 잡초가 안 보이니?"라고 말하지 말라. 그보다는 잔디를 깎은 것에 대해 인정하는 말을 하라. "잔디 깎느라 힘들었지? 도와줘서 고마워."라고 말이다. 그런 다음 토요일에 아이가 다시 잔디를 깎으려고 할 때 덤불 밑의 잡초를 제거하는 법을 알려주라. "여기 이 덤불 밑에 있는 잡초 보이지? 이것은 제거하기가 쉽지 않아. 잔디 깎는 기계를 덤불 밑으로 여러 번 넣었다 뺐다 해야 되거든. 하지만 너라면 잘할 수 있을 거야." 물론 아이들은 잘해낼 것이다. 인정하는 말은 아이가 자신감을 얻는 데 도움이 된다.

에릭슨이 제시한 다른 단계는 이 책의 범위를 벗어나므로 더 이상 다루지 않겠다. 이제 당신은 자녀들을 키울 때 그들의 정서 건강에 관심을 기울이는 것이 얼마나 중요한지 알게 되었을 것이다.

요컨대 자녀들의 건강한 정서 발달을 위해서는 다음의 네 가지를 키워주어야 한다.

• 애착   • 자율성   • 주도성   • 자신감

육체적 필요가 중요하지 않다는 말이 아니다. 육체적 필요도 물론 중요하다! 음식과 집, 공기, 물이 없고 잠을 자지 못한다면 아이는 살 수 없다. 아이의 안전 또한 중요하다. 우리는 앞에서 경계의 중요성에 대해 이야기했다. 그러나 육체적 필요를 충족시키는 동안 아이의 정서 발달을 소홀히 해서는 안 된다. 부모는 아이의 정서 발달에 지대한 영향을 미친다.

> 건강한 성인 중에도 열등감과 분노, 죄책감, 수치감, 외로움으로 힘들어하는 사람이 적지 않다.

부모가 자녀를 사랑하고 돌볼 때 자녀는 자기 자신과 다른 사람들을 온전히 사랑하고 돌볼 수 있다. 사실 부모는 이것을 본능적으로 안다. 건강한 부모들은 본능적으로 어린 자녀를 사랑하고 돌보려 한다. 그러다 아이들이 자라서 보다 독립적이고 개성이 뚜렷해지면 자녀에 대한 애정 표현이나 자녀와의 관계를 쌓기 위한 노력을 덜하게 된다. 다른 일로 바쁜 나머지 자녀가 신체적으로 건강하기만 하면 별다른 문제가 없을 것이리고 생각하는 것이다. 그러나 신체적으로 건강해도 정서적으로 문제가 있을 수 있다. 건강한 성인 중에도 열등감과 분노, 죄책감, 수치심, 외로움으로 힘들어하는 사람이 적지 않다. 그들은 신체적으로 건강하지만 정서적으로는 문제가 있는 사람들이다. 그런 사람들은 인간관계나 직장생활에서 어려움을 겪곤 한다. 우리는 자녀들이 이러한 문제로 힘들어하는 것을 원치 않는다. 따라서 그런 일이 있기 전에 자녀의 정서적 필요를 충족시켜 주어야 한다.

자녀의 사랑 탱크

앞에서 언급한 발달 단계를 거치는 동안 자녀들에게 정서적으로 가장 필요한 것은 아마도 부모에게 사랑받는다는 느낌일 것이다. 사랑받는다는 느낌은 부모 자식 간의 정서적 유대를 형성하는 가장 기본 요소다. 또한 그것은 아이들의 자율성과 주도성, 자신감 형성의 원천이 된다. 나는 모든 아이들 속에 있는 '사랑 탱크'를 상상해보곤 한다. '사랑 탱크'가 가득 차 있을 때, 즉 아이가 진정으로 부모에게 사랑받고 있다고 느낄 때 그들은 커서 다른 사람들과 건강한 관계를 맺고 목표를 이룰 수 있는, 자신감 있고 사랑 많은 성인이 되기 쉽다. 반면 아이가 부모에게 사랑받지 못한다고 느낄 때 그들은 내적 갈등이 많은 성인이 되기 쉽고 십대 때 종종 엉뚱한 곳에서 사랑을 찾곤 한다.

대부분의 부모는 자녀들을 사랑하지만 모든 아이가 다 사랑받는다고 느끼는 것은 아니다. 부모가 단지 육아에 진지하게 임하는 것으로는 충분하지 않다. 자녀와 정서적으로 연결되어 있어야 한다. 몇 년 전 나는 아이들이 사랑을 받아들이는 5가지 방식이 있음을 알게 되었다. 이것을 나는 '5가지 사랑의 언어'라고 부른다. 아이들 각자에게는

> 대부분의 부모는 아이들을 사랑하지만 모든 아이가 다 사랑받는다고 느끼는 것은 아니다.

5가지 사랑의 언어 중 다른 네 가지보다 더 깊이 와 닿는 한 가지, 즉 주된 사랑의 언어가 있다. 당신이 만약 그들의 주된 사랑의 언어로 말하지 않는다면 그들은 사랑받는다고 느끼지 못할 것이다. 당신이 다른 사랑의 언어로 아무리 열심히 사랑을 표현한다 해도 말이다.

상담실을 찾아온 어느 13세 소년이 "부모님은 나를 사랑하지 않아요. 동생은 사랑하지만 나는 사랑하지 않아요."라고 말한 것도 그 소년의 주된 사랑의 언어가 부모의 주된 사랑의 언어와 달랐기 때문이다. 나는 소년의 부모님을 알고 그들이 소년을 사랑한다는 것도 안다. 부모가 만약 그 소년의 말을 들었다면 충격에 휩싸였을 것이다. 문제는 그들이 소년의 주된 사랑의 언어를 알지 못했다는 것이다. 그러므로 이제부터 이 5가지 사랑의 언어에 대해 간략하게 살펴본 뒤 자녀의 주된 사랑의 언어를 알 수 있는 방법을 나누어보겠다.

인정하는 말

고대 히브리 속담에 '죽고 사는 것이 혀에 달렸다'는 말이 있다. 당신이 자녀에게 말하는 방식을 떠올리면 이 말이 참으로 옳다는 것을 알 수 있을 것이다.

비판적인 말은 자녀에게서 자신감을 앗아가고 두려움과 분노를 불러일으키지만, 격려의 말은 용기를 북돋아주고 안정감을 준다. "너의 빨간 머리는 정말 아름다워." "너의 팔 근육은 점점 더 단단해지는 것 같아." "설거지를 해줘서 정말 고마워." "토미가 네 장난감을 가지고 놀게 해줘서 고마워." 같은 말은 모두 인정하는 말이다.

영아들의 경우 아이의 정서 건강에 긍정적인 영향을 끼치는 것은 말이 아니라 어조다.

아이에게 "너는 이 세상에서 가장 사랑스러운 아이야. 암, 그렇고말고."라고 말하든 "너는 이 세상에서 가장 못생긴 아이야. 암, 그렇고말고."라고 말하든 그 말을 할 때 당신의 어조가 따스하고 쾌활하다면 아이는 인정받는다고 느낀다. 그러나 몇 달이 지나면 어조와 함께 말의 내용도 매우 중요해진다.

함께하는 시간

함께하는 시간은 아이에게 온전히 집중하는 시간을 말한다. 아이와 함께 놀이를 해도 좋고, 뭔가 프로젝트를 정해도 좋고, 대화를 나눠도 좋다. 중요한 것은 아이에게 주의를 집중하는 것이다. 아이와 대화하면서 문자를 보낸다면 그 시간은 (아이에게 문자 보내는 법을 알려주는 게 아니라면) 함께하는 시간이 될 수 없다.

선물

나는 인류학을 공부하면서 선물이 인류의 보편적인 사랑의 언어임을 알게 되었다. 선물은 '나는 당신을 생각해요.' '당신이 이것을 좋아할 거라고 생각했어요.' '사랑해요.' 등의 의미를 전달한다. 선물이 꼭 값비쌀 필요는 없다. 중요한 것은 마음이기 때문이다.

부모들에게 나는 아이에게 선물을 줄 때 뭔가를 요구하거나 기대하지 말라고 당부한다. "방 청소를 하면 이 사탕을 줄게."라고 말할 때 사탕은 더 이상 선물이 아니라 청소를 한 것에 대한 대가가 되기 때문이다.

아이에게 일을 시키고 용돈을 주지 말라는 뜻이 아니다. 그렇게 해서 주는 용돈은 선물이 아니라는 의미다. **'선물'**이라는 말은 **'은혜'**, 즉 '공로 없이 얻은 호의'를 뜻하는 헬라어에서 유래한 것이다.

부모로서 우리는 자녀에게 선물을 줄 때 책임 있게 행동해야 한다. 즉 자녀에게 해로운 것을 주어서는 안 된다. 예컨대 단지 다른 아이들이 가지고 있다는 이유로 아이에게 휴대폰을 사주는 것은 바람직하지 않다.

또한 부모로서 우리는 자녀에게 무엇을 주어야 할지 현명하게 판단해야 한다. 아이가 떼를 쓴다고 아이의 말을 다 들어주면 결국 아이를 통제할 수 없게 될 것이다.

봉사

당신은 '말보다 행동이 더 중요하다'는 말을 들어보았을 것이다. 어떤 아이들에게는 정말로 말보다 행동이 더 중요하다. 아기가 태어난 뒤 처음 몇 달 동안은 '봉사'라는 사랑의 언어를 구사해야 한다. 갓난 아기는 무력하다. 젖을 먹이고 기저귀를 갈아주어야 한다. 그들은 스스로를 돌볼 수 없다. 그러다 아이가 조금 자라면 부모는 인형옷을 수선해주거나 세발자전거를 고쳐주거나 축구공에 바람을 넣어주는 것으로, 아이가 더 자라면 스스로 알아서 하도록 가르치는 것으로 '봉사'라는 사랑의 언어를 구사할 수 있을 것이다. 물론 아이에게 요리를 만들어주는 것보다 요리하는 법을 가르쳐주는 게 훨씬 더 많은 노력을 요하지만, 그것이 훗날 자녀에게 많은 도움이 될 것이다.

스킨십

인간은 이미 오래 전부터 스킨십이 정서에 미치는 힘을 알고 있었다. 우리가 아기를 안고 어르며 말을 건네는 것도 그 이유다. 아기들은 '사랑'이라는 단어의 뜻을 알기 한참 전부터 스킨십을 통해 사랑받는다고 느낀다.

아이가 걸음마를 시작하고 학교에 갈 나이가 되어도 스킨십에 대한 필요는 줄어들지 않는다. 스킨십은 모든 아이에게 필요하지만 특히 어떤 아이들에게는 사랑을 가장 잘 표현해주는 언어다. 그런 아이들의 경우 스킨십이 부족하면 정서 건강에 안 좋은 영향을 미친다.

앞에서 언급한 것처럼 아이들 각자에게는 '5가지 사랑의 언어' 중 다른 네 가지보다 더 깊이 와 닿는 주된 사랑의 언어가 있다. 이것이 충분히 공급되지 않을 때 아이들은 사랑받는다고 느끼지 못한다. 부모가 다른 사랑의 언어로 아무리 열심히 사랑을 표현한다 해도 말이다.

> 스킨십은 모든 아이에게 필요하지만 특히 어떤 아이들에게는 사랑을 가장 잘 표현해주는 언어다.

자녀의 주된 사랑의 언어 발견하기

그렇다면 어떻게 해야 자녀의 주된 사랑의 언어를 알 수 있을까?

자녀의 행동을 관찰하라

자녀가 부모나 다른 사람들과 어떻게 상호 작용하는지 관찰하라. 자녀가 당신을 도와주기 좋아한다면 자녀의 주된 사랑의 언어는 봉사일 가능성이 높다. 당신이나 다른 사람에게 선물하기를 좋아한다면 주된 사랑의 언어가 선물일지 모른다. 우리 아들의 주된 사랑의 언어는 스킨십이다. 그것을 나는 아들이 서너 살쯤 되었을 때 알았다. 아들은 내가 저녁에 퇴근해서 집에 돌아오면 현관까지 달려나와 내 다리를 붙잡고 안아달라고 했다. 내가 앉아 있을 때도 늘 다가와서 치대곤 했다. 늘 내가 만져주기를 바라며 나에게 다가왔다. 하지만 딸아이는 한 번도 그런 적이 없다. 그 아이는 "아빠, 내 방으로 와보세요. 보여줄 게 있어요."라고 말하며 내가 자신에게 온전히 집중해주기를 바랐다. 딸아이의 주된 사랑의 언어는 함께하는 시간이었던 것이다. 당신의 자녀가 "고마워요, 엄마."라거나 "훌륭해요, 엄마." 같은 말을 자주 한다면 그 아이의 주된 사랑의 언어는 인정하는 말일 것이다.

자녀가 불평하는 것은 무엇인가?

어느 네 살배기 아이가 엄마에게 "아기가 태어난 후로는 엄마랑 공원에 간 적이 한 번도 없어요."라고 말했다. 그 순간 아이는 함께하는 시간이 부족한 것을 불평하고 있는 것이다. 또 다른 아이는 엄마에게 "아빠는 내 자전거가 고장 났는데 신경도 안 써요."라고 말했다. 이때 그 아이에게 필요한 것은 자전거를 고쳐주는 것(봉사)이다. 이처럼 불평은 종종 자녀의 주된 사랑의 언어를 드러낸다.

자녀가 가장 많이 요청하는 것은 무엇인가?

같이 놀아달라고 하거나 책을 읽어달라고 하는 아이는 함께하는 시간을 요청하는 것이고, 등을 쓸어달라고 하는 아이는 스킨십을 요청하는 것이다. 아이가 늘 자신이 한 일에 대해 무슨 말을 해주기 바란다면 그 아이의 주된 사랑의 언어는 아마도 인정하는 말일 것이다. "엄마, 내가 쓴 글에 대해 어떻게 생각해요?" "이 옷, 나한테 어울려요?" "아빠, 나 축구할 때 어땠어요?" 같은 질문은 모두 인정하는 말에 대한 요청이다. 종합하자면, 자녀들이 어떤 방식으로 사랑을 표현하는지 관찰하고, 그들의 불평과 요청에 귀 기울이면 자녀들의 주된 사랑의 언어를 알 수 있다는 것이다.

그렇다고 자녀의 주된 사랑의 언어만 사용하라는 말은 아니다. 자녀의 주된 사랑의 언어를 자주 사용하되, 가끔씩 다른 네 가지 사랑의 언어도 사용하는 게 좋다. 우리는 자녀들이 5가지 사랑의 언어 모두로 사랑을 주고받는 법을 배우기 원한다. 그래야 정서적으로 건강해지고, 나중에 성인이 되어서도 다른 사람과 잘 지낼 수 있기 때문이다.

물론 5가지 사랑의 언어 중에는 당신에게 익숙하지 않은 것도 있을 것이다. 당신이 어렸을 때 인정하는 말을 들어본 적이 없다면 자녀에게 인정하는 말을 해주기 어려울 것이다.

좋은 소식은 5가지 사랑의 언어 모두 성인이 된 후에도 배울 수 있다는 것이다. 어렸을 때 접하지 못했다는 이유로 특정한 사랑의 언어를 구사하지 않거나 아이의 정서적 필요를 충족시키지 못하는 일이 없어야 한다(보다 자세히 알고 싶다면 내가 로스 캠벨 박사와 공저한 『자녀의 5가지 사랑의 언어』[9]를 참고하거나 www.5lovelanguages.com을 방문하라).

---

9) Chapman and Campbell, *The 5 Languages of Children*.

어렸을 때 경험한 학대나 트라우마로 정서적으로 불안정하거나 자녀양육에 자신이 없는 부모들은 상담을 받는 게 좋다. 상처와 분노, 두려움, 우울감 및 그 밖의 감정들은 시간이 지난다고 사라지는 게 아니다. 교회나 다른 사회단체들을 통해 지지 그룹을 만나는 것도 도움이 된다. 당신이 먼저 사람들에게 다가가 도움을 요청함으로써 정서적으로 건강해지기 위한 여정을 시작할 수 있다. 아이는 그 모든 최선의 노력을 기울일 만큼 가치 있고 소중한 존재다.

부모의 사랑의 언어와 자녀의 사랑의 언어가 일치하는 경우도 있다. 이런 경우에는 부모가 잊지 않고 자신의 사랑의 언어를 구사하면 된다. 자녀와 사랑의 언어가 다른 부모들은 자녀의 사랑의 언어를 구사하는 법을 배워야 한다. 새로운 사랑의 언어를 배울 때에는 실제 언어를 배울 때만큼의 노력이 필요하다. 그러나 시간이 지나면서 점차 편안해지고 자연스럽게 느껴질 것이다. 새로운 사랑의 언어를 배운 것의 보상은 정서적으로 건강하게 자라는 자녀의 모습을 보는 것이다. 그러한 보상을 위해서라면 노력해볼 만한 가치가 충분하지 않은가?

나는 이 장에서 나눈 것들을 우리 부부가 부모가 되기 전에 알았다면 좋았을 것이라 생각한다. 당신이 정서적으로 건강한 아이를 키우는 데 이 장에 나오는 개념이 도움이 되길 바란다.

나눔을 위한 질문

1. 당신은 어렸을 때 어머니와의 정서적 유대가 강하다고 느꼈는가? 아버지와의 정서적 유대는 어떠한가? 이것이 성인이 된 지금의 당신에게 어떤 영향을 미친다고 생각하는가?

2. 당신이 자녀와 정서적 유대를 형성하는 방법은 부모님이 당신과 정서적 유대를 형성했던 방법과 어떻게 다른가?

3. 당신의 자신감에 0부터 10까지 점수를 매긴다면 몇 점쯤 될 것 같은가? 점수가 그렇게 나온 이유는 무엇인가?

4. 당신이 십대 때 느꼈던 죄책감과 수치심, 그리고 열등감에 각각 0부터 10까지 점수를 매기면 몇 점쯤 되는가? 점수가 그렇게 나온 이유가 무엇이라고 생각하는가?

5. 당신이 성장하면서 받은 부모님의 사랑에 0부터 10까지 점수를 매긴다면 몇 점쯤 되는가? 점수가 그렇게 나온 이유는 무엇인가?

6. 당신은 배우자로부터 얼마나 사랑받는다고 느끼는가? 당신은 배우자의 주된 사랑의 언어를 구사하는가? 만약 배우자의 주된 사랑의 언어가 무엇인지 모른다면 배우자와 함께 www.5lovelanguages.com에서 무료로 제공하는 질문지에 답한 뒤 그 결과에 대해 이야기하라.

7. 자녀가 태어난 후 처음 3년간은 아이의 주된 사랑의 언어를 알 수 없으므로 다섯 가지 사랑의 언어를 모두 사용하라. 그러다 아이가 세 살쯤 되면 아이의 주된 사랑의 언어가 무엇인지 알 수 있을 것이다. 아이의 주된 사랑의 언어를 자주 구사하되 다른 네 가지 사랑의 언어도 함께 사용하면 아이는 사랑받는다고 느끼며 성장할 것이다. 아이의 정서 건강만큼 중요한 것은 별로 없다.

7.

자녀는 부모의 본을 보고 자란다

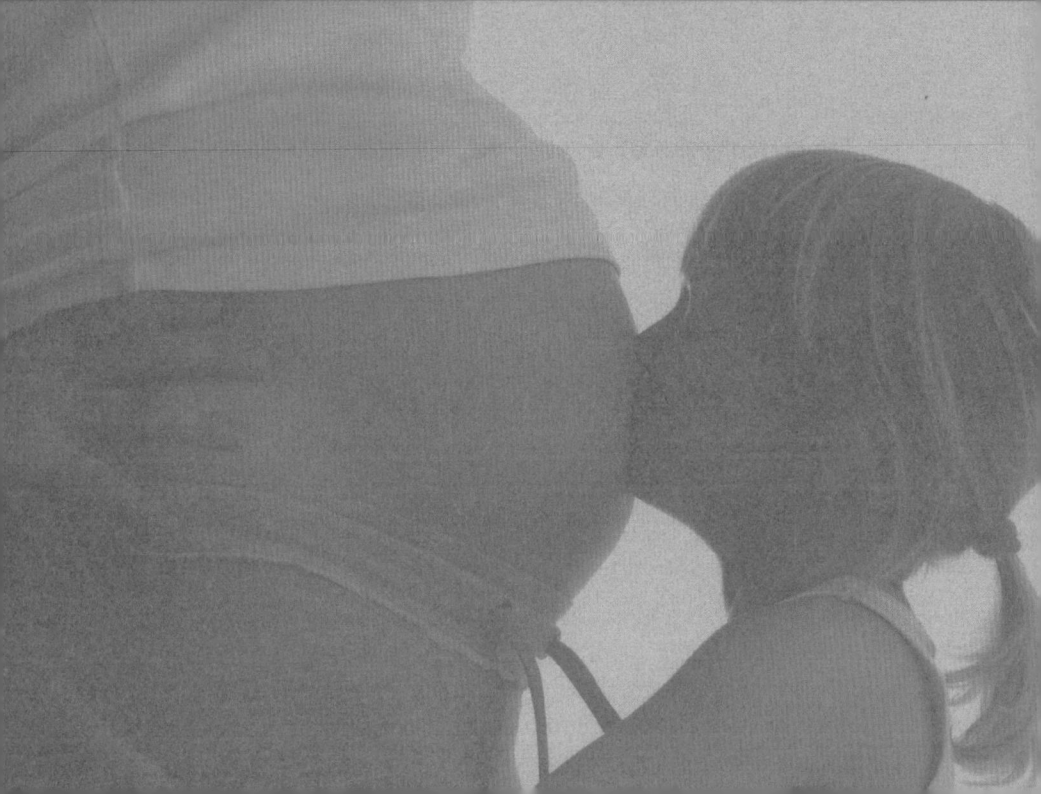

내가 스스로에게 한 가장 심각한 질문은 '아이들이 나처럼 되면 어떡하지?'였다.

　내가 이런 질문을 한 것은 아이들이 태어나기 전도 아니었고 걸음마를 할 때도 아니었다. 아이들에게서 내 모습(몇 가지는 긍정적이고 몇 가지는 부정적인)이 보이기 시작할 때였다. 이후 이 질문은 내가 많은 것을 결정하는 데 도움이 되었다.

　사실 당신의 자녀가 당신처럼 될 가능성은 매우 높다.

　우리는 자녀에게 가장 큰 영향을 미치는 것이 부모의 본이라는 것을 안다. 당신은 분명 말로써 자녀에게 친절과 예의, 인내, 용서, 겸손, 관대함, 정직을 가르칠 것이고, 이러한 덕목을 가르치는 책을 읽어줄 것이다.

　그러나 당신이 보이는 본은 말보다 훨씬 더 중요하다. 즉 아이들은 부모의 말

> 당신의 자녀가 당신처럼 될 가능성은 매우 높다.

7. 자녀는 부모의 본을 보고 자란다 　/ 121

보다 행동에 훨씬 더 큰 영향을 받는다.

당신의 말과 행동이 일치할수록 아이들은 당신을 더 존경하게 될 것이고, 당신의 말과 행동이 다를수록 당신을 덜 존경하게 될 것이다. 이는 당신이 완벽한 사람이 되어야 한다는 의미가 아니다. 잘못에 대해 사과할 줄 알아야 한다는 뜻이다(여기에 대해서는 8장에서 보다 자세히 다룰 것이다).

"내가 행하는 대로 하지 말고 말하는 대로 하라"는 말은 당신의 권위를 드러낼 뿐 자녀의 성품을 개발해주지 못한다. 아이들에게는 당신의 행동이 너무 크게 다가와서 당신의 말이 잘 들리지 않는다. 그 대신 당신이 말로 가르치던 것을 행동으로 옮길 때 아이들은 당신이 무슨 말을 하려는지 보다 잘 이해하게 된다.

자녀들이 자라서 다음과 같이 된다면 어떤 기분이 들지 자문해보라.

- 자녀들이 나와 같은 방식으로 분노를 다룬다면 기분이 어떨까?
- 자녀들이 내가 배우자를 대하는 것처럼 그들의 배우자를 대한다면?
- 내가 운전하는 것처럼 차를 운전한다면?
- 나와 같은 직업윤리를 갖게 된다면?
- 내가 다른 사람에게 말하는 것처럼 말한다면?
- 내가 갈등을 다루는 방식으로 갈등을 다룬다면?
- 내가 알코올과 마약에 반응하는 식으로 알코올과 마약을 대한다면?
- 나와 하나님과의 관계처럼 그분과 교제한다면?

- 내가 돈을 쓰는 방식으로 돈을 쓴다면?
- 내가 처가(시집) 식구들을 대하는 것처럼 처가(시집) 식구들을 대한다면?
- 내가 자녀들을 대하는 방식으로 자기 자녀를 대한다면?

이외에도 여러 질문이 있을 수 있다. 당신이 덧붙이고 싶은 질문들을 추가하라.

나는 이 장을 매우 우울한 어조로 시작했다. 그것은 당신이 예전의 나보다 훨씬 더 일찍 이런 질문에 대해 생각하도록 돕기 위해서였다. 사실 지금이 이런 질문을 생각하기에 가장 적당한 때다.

만약 당신에게 태도나 생활양식의 변화가 필요하다면 아이가 태어나기 전, 혹은 아이들에게서 당신의 부정적인 성격적 특성이 드러나기 전에 변화를 시도하는 게 좋지 않을까?

어린 시절 떠올려보기

당신의 어린 시절을 떠올려보는 것부터 시작하는 게 가장 쉬울 것이다. 우리 대부분은 어린 시절의 행복한 기억과 별로 행복하지 않은 기억이 있다. 그중 행복한 기억을 먼저 떠올려보자.

나의 행복한 기억 중 하나는 아버지와 함께 텃밭을 가꾸던 것이다.

아버지는 내게 옥수수와 오크라, 호박, 토마토, 감자, 순무, 고추 등을 심는 법을 가르쳐주셨다. 지금도 나는 그 텃밭에서 자라던 작물들을 떠올릴 수 있다. 돌이켜 생각해보면 내가 지닌 직업윤리의 많은 부분이 아버지에게서 배운 것이다.

샤넌도 어린 시절의 행복한 기억 한 가지를 나눴다. "교회의 오르간 연주자였던 어머니는 집에서 규칙적으로 오르간 연습을 했어요. 우리는 교회에서도 노래를 부르고 집에서도 노래를 불렀지요. 제겐 어머니와 함께 차를 타고 가면서 라디오에서 흘러나오는 노래를 따라 부르던 행복한 기억이 있답니다. 저는 1970-80년대에 성장했고, 지금도 그 시대의 노래를 좋아해요. 하지만 어렸을 때는 어머니의 차 안에서 즐겨 듣던 1950-60년대 가요를 부르곤 했어요. 그래서 요즘도 이따금씩 그 시절의 노래를 흥얼거리게 돼요. 어머니는 '유 아 마이 선샤인, 마이 온리 선샤인' 하며 그 옛날의 친숙하면서도 아름다운 노래를 불러주시곤 했어요. 그리고 저도 우리 아이들에게 가끔씩 그 노래를 불러준답니다. 프레슬리는 두 살 때 저를 따라 그 노래를 부르기 시작했어요. 제가 아이늘에게 노래를 불러주듯 어머니도 제게 노래를 불러주셨어요."

대부분의 사람들에게는 어렸을 때 음악이나 스포츠, 캠핑, 독서, 원예, 요리 등을 통해 부모와의 정서적 유대가 깊어진 소중한 기억이 있다. 또한 부모님이 사랑한 것들을 사랑하고 부모님이 높이 평가한 것들을 높이 평가하는 경향이 있다.

로드니 애킨즈는 '당신을 보며'라는 곡에서 "나는 당신이 하는 모든 것을 하고 싶어요. 그래서 당신이 어떻게 하는지 봅니다."[10]라고 노래했다. 자녀가 부모처럼 되고 싶어 하고, 또 부모의 말과 행동을 따라 하고 싶어 하는 모습을 재미있게 그린 가사다.

물론 사람들에게는 어린 시절의 고통스런 기억도 있다. 어렸을 때 부모가 언쟁을 벌이던 소리가 귓가에 맴도는 사람도 있고, 술을 마시고 욕설을 퍼붓던 아버지의 얼굴이 눈앞에 어른거리는 사람도 있다. 이들은 두려움과 상처, 분노, 불안으로 가득한 유년기를 보냈다. 그러나 이제는 성인이 되었으니 부정적인 기억에서도 교훈을 이끌어낼 수 있을 것이다. 이제는 책임 있는 부모가 되기 위해 어떤 일을 하지 말아야 하는지도 안다.

부모님의 장점을 모두 나열한 뒤 그중 당신에게도 해당되는 것이 있는지 생각해보라. 그런 다음 부모님의 단점을 나열하고 당신에게 몇 개나 해당되는지 보라. 이 작업을 통해 부모의 본이 자녀에게 얼마나 큰 영향을 미치는지 알 수 있을 것이다.

우리는 부모님께로부터 좋은 영향을 받은 것에 감사하고, 또 부모님께 물려받은 단점을 바꾸기 위해 노력해야 한다. 우리는 부모님을 선택할 수도 없고 어린 시절의 경험 역시 선택할 수 없지만, 부모님의 좋지 않은 습관을 되풀이할 필요는 없다.

---

10) Brian Gene White, Rodney A. Atkins, & Steven A. Dean, "Watching You"(로드니 애킨즈 녹음), *If You're Going Through Hell* (CD) (Nashville: Curb Records, 2006).

우리가 변화하기로 마음먹으면 하나님께서 우리를 도와주실 것이다. 하나님은 끊임없이 우리의 삶을 변화시키시며, 무수히 많은 사람들이 그분의 도우심으로 파괴적인 습관을 바꿀 수 있었다. 또한 친구들 역시 우리가 도움을 요청하면 기꺼이 우리를 도와줄 것이다. 가장 바람직한 형태의 교회는 우리를 치유하고 건강하게 하는 병원 같은 공동체다.

자녀에게 본이 되는 다섯 단계

샤넌과 나는 자녀에게 본이 되는 다섯 단계를 다음과 같이 제안하고자 한다.

첫째, 하나님께 당신 자신을 맡기고 **당신의 현재 상태에 솔직하라**. 무엇보다 당신 자신과 배우자와 친한 친구들에게 솔직해지라. 이것이 바로 변화의 첫걸음이다. 이는 스스로의 삶을 돌아보아야 함을 의미한다.

자녀에게 본이 되려면 당신에게 어떤 변화가 필요할까?

아마도 장점부터 시작하는 편이 쉬울 것이다. 그렇다면 당신의 강점은 무엇인가? 당신은 무엇을 잘하는가?

> 가장 바람직한 형태의 교회는 우리를 치유하고 건강하게 하는 병원 같은 공동체다.

이 장 서두에 나오는 질문을 보며 그중 당신이 잘하고 있는 부분이 어떤 것인지 자문해보아도 좋고, 앞서 언급한 일곱 가지 성격적 특성, 즉 친절, 예의, 인내, 용서, 겸손, 관대함, 정직 면에서 당신이 몇 점이나 되는지 스스로 점수를 매겨보아도 좋다.

나는 장점이 없는 사람을 본 적이 없다. 오늘 당신이 누군가에게 미소를 건넸다면 그것은 당신이 친절하다는 표시다. 신호등이 녹색으로 바뀌었을 때 경적을 울리지 않았다면 참을성이 있다는 표시다. 당신의 장점들을 인정하라. 장점 목록을 만들고 그것을 계속 살려나갈 수 있도록 매일 그 목록을 들여다보라.

그런 다음 앞에서 언급한 질문과 성격적 특성들을 나열한 뒤 당신이 잘하지 못하는 부분이나 변화가 필요하다고 생각되는 부분의 목록을 만들라.

'성장해야 할 부분'을 찾는 게 스스로에게 솔직해지는 첫걸음이다. 당신이 정말로 용감하다면 배우자에게 이 목록을 보여주고 당신이 진심으로 성장하고 싶어 한다는 것을 알리라.

두 번째 단계는 **스스로의 발전 상황을 모니터**하는 것이다. 적극적인 모니터링을 위해서는 부모들이 의식적으로 스스로를 관찰해야 한다.

부모들은 자녀의 건강과 안전을 위해 본능적으로 자녀를 관찰한다. 그러나 부모인 자신에 대해서는 별로 관찰하지 않으며, 관찰한다 해도 자신의 행동이 자녀들에게 어떤 영향을 미치는지에 대해서는 거의 생각하지 않는다.

하지만 스스로를 모니터함으로써 부모는 자신이 자녀 곁에서 긍정적인 생각과 말과 행동을 하는지, 아니면 부정적인 생각과 말과 행동을 하는지 좀 더 분명하게 알 수 있을 것이다.

보다 객관적인 시각을 위해서 스스로를 모니터할 뿐 아니라 다른 사람들에게도 모니터링을 부탁하라. 다른 사람의 피드백은 자신에 대한 부모들의 생각을 확인해줄 수도 있고 그것이 잘못되었음을 알려줄 수도 있다.

우리가 보는 우리 자신과 다른 사람들이 보는 우리는 대체로 차이가 있다. 그러므로 당신이 늘 화나 있는 것처럼 보이고 잘 웃지 않는다는 친구의 말에 방어적으로 대하지 말아야 한다. 숨을 깊이 들이마시고 솔직히 말해줘서 고맙다고, 그들이 한 말에 대해 생각해보겠노라고 말하라. 자녀들이 삶을 통해 배우고 성장하기를 바라듯 우리도 우리 스스로 배우고 성장해야 한다. 우리가 배움과 성장에 관해 열려 있을 때 우리 자녀들도 그렇게 될 것이다.

적극적인 모니터링을 위해서는 부모가 자녀를 관찰하는 것도 필요하다. 부모는 자녀들이 일상에서 접하는 다양한 사건과 사람들에게 어떻게 반응하는지 관찰해야 한다. 자녀가 무슨 말을 하고 어떻게 행동하는지 살피라. 자녀의 반응을 관찰해보면 그들이 부모의 말과 행동을 따라 한다는 사실에 놀랄 것이다.

이제 걸음마를 시작하는 아기가 "새 집이 정말 마음에 들어요."라고 부모의 말을 따라 하는 것은 귀여워 보인다. 어린아이가 부모의 말을 흉내 내어 동생에게 "아가야, 잘 잤니?"라고 묻는 것도 보기 좋다. 그러나 아이들이 부모에게서 보고 배운 그대로 부모나 다른 아이들에게 고함을 지르거나 때리는 것은 그리 좋아 보이지 않는다. 부모가 일관성 있게 규칙을 정하고 이를 강화하지 않아서 자녀가 그 규칙을 지키지 않는다면 이 또한 부모로서 마음 쓰이는 일일 것이다.

아이들의 생각과 느낌과 말과 행동이 오직 부모의 본보기대로 직접적인 영향을 받는다는 뜻은 아니다. 다른 여러 환경적 요인과 주변 사람들도 아이들에게 영향을 끼친다. 그러나 적극적으로 자녀의 행동을 관찰하는 부모는 자신의 행동이 자녀에게 어떤 영향을 미쳤는지 잘 알 수 있을 것이다.

세 번째 단계는 **'가르칠 수 있는 순간'을 최대한 활용**하는 것이다. '가르칠 수 있는 순간'이란 일상적인 삶의 흐름 안에서 아이들이 배울 준비가 되어 있는 순간을 말한다.

아이들은 추상적인 개념보다 구체적인 경험을 통해 더 잘 배운다. 즉 소파에 앉아서 아이에게 길을 건널 때는 좌우를 잘 살펴야 한다고 가르치는 것보다 도로변에 서서 "좌우를 잘 살피고 안전하게 길을 건너야 한단다."라고 알려줄 때 더 잘 이해한다. 이때가 바로 '가르칠 수 있는 순간'이다.

당신은 자녀에게 화가 날 때 무슨 말을 하거나 어떤 행동을 하기 전에 25까지 수를 세라고 가르칠 수 있을 것이다. 이것은 화를 다스리는 매우 좋은 방법이다.

그러나 자녀는 당신이 25까지 세는 것을 보지 않는 한, 그리고 당신이 왜 화가 났고 그런 상태로 무슨 말을 하기 전에 화를 가라앉힐 수 있어서 얼마나 기쁜지 설명해주지 않는 한 25까지 세려 하지 않을 것이다. 그러므로 자녀가 화가 났을 때 자녀와 함께 25까지 센 뒤 아이를 칭찬해주라.

가르칠 수 있는 순간은 우리가 부모로서 뭔가를 잘했을 때도 찾아올 수 있고 잘못했을 때도 찾아올 수 있다. 잘했을 때 우리는 자녀에게 우리가 왜 그렇게 했는지 알려줄 수 있고, 잘못했을 때는 우리의 행동이 잘못되었으며 그런 행동을 반복하지 않을 방법을 배우는 중이라고 알려줄 수 있다. 또한 가르칠 수 있는 순간은 자녀가 부모에게 순종할 때도 찾아올 수 있고 불순종할 때도 찾아올 수 있다. 자녀가 순종할 때 우리는 자녀를 칭찬해줄 수 있고, 자녀가 불순종할 때에는 그들의 행동이 잘못된 이유를 설명해주고 자녀에게 잘못된 행동에 대한 자연적 결과나 논리적 결과를 체험하게 해줄 수 있다.

샤넌은 차 안에서 에브리에게 안전 운전에 대한 이야기를 들려주었다. 에브리가 운전을 하려면 아직도 멀었지만, 그때가 가르칠 수 있는 순간이었기에 샤넌은 신호등에 빨간 불이 들어왔을 땐 참을성 있게 기다려야 한다거나 '좌회전 금지' 표지판이 있을 때에는 왼쪽으로 방향을 틀면 안 된다는 것을 알려주었다. 물론 아이에게 안전 운전에 대해 이야기할 때는 당신의 말보다 행동이 더 중요하다는 것을 기억해야 한다.

인생은 '가르칠 수 있는 순간'으로 가득하다. 자녀들에게 좋은 본이 되고 싶어 하는 부모라면 자녀들과 함께 있을 때 이런 순간을 찾으려 할 것이다.

네 번째 제안은 **사랑으로 부모의 역할을 하라**는 것이다. 인생은 기회와 도전의 연속이며, 그 두 가지에는 헤아릴 수 없이 많은 유익과 어려움이 있다.

> 부모는 스스로에 대해 너무 비판적이지 않도록 사랑의 렌즈로 자기 자신을 볼 수 있어야 한다.

이러한 현실을 받아들이고 사랑이라는 렌즈를 통해 인생을 볼 때 부모는 자녀에게 사랑과 친절, 인내, 용서를 보다 잘 가르칠 수 있을 것이다.

사랑은 이기심과 정반대되는 감정이다. 이기심은 '내가 이 세상에서 무엇을 취할 것인가?' 생각하게 하지만, 사랑은 '어떻게 하면 다른 사람들의 삶을 더 풍요롭게 할 수 있을까?' 생각하게 한다. 이기심은 관계를 파괴하지만 사랑은 건강한 관계에 필수적이다. 이기심은 남을 조종하려는 마음을 낳지만("당신이 내게 이것을 해주면 나도 당신에게 이것을 해주겠소.") 사랑은 남을 도우려는 마음을 낳는다("어떻게 도와드리면 될까요?") 이기심은 결국 고립으로 이어지지만 사랑은 사람들과의 교제와 나눔으로 이어진다.

따라서 사랑은 결혼을 견고하게 한다. 그러나 이기적인 두 사람에게는 견고한 결혼생활이 불가능하다.

당신의 결혼생활은 사랑의 본이 되거나 이기심의 본이 될 것이다.

이는 당신의 자녀들에게 지대한 영향을 미친다.

사랑은 대부분의 부모들이 편안할 때나 힘들 때나 자녀에게 꼭 전해주고 싶어 하는 것이다.

우리는 아이들이 세상을 탐색하고 배우며, 우리가 하는 모든 것을 관찰한다는 것을 안다. 또한 아이들이 안전하고 사랑받는다고 느끼며 성장하기를, 그리하여 그들 자신과 다른 사람들을 온전히 사랑할 수 있기를 바란다.

부모는 사랑으로 자녀를 양육함으로써 자녀가 그렇게 되도록 도울 수 있다. 그러기 위해 부모는 스스로에 대해 너무 비판적이지 않도록 사랑의 렌즈로 자기 자신을 볼 수 있어야 한다.

과거의 잘못에 지나치게 얽매이면 현재를 사랑할 수 없다. 우리는 과거를 변화시킬 수 없지만 과거로부터 배울 수는 있다. 자신의 잘못을 인정하고, 하나님과 다른 사람의 용서를 받아들이고, 스스로를 용서하고, 보다 사랑이 많은 사람이 되어 미래를 살아갈 수 있다.

과거의 잘못에 짓눌려 살 때 우리는 스스로를 사랑하지 못하고, 우리 자신과 자녀 모두에게 보다 나은 삶을 선물하지 못한다. 그러나 자기 자신을 용서하면 자녀들이 잘못을 해도 보다 쉽게 용서할 수 있다.

샤넌과 나는 완벽한 부모가 되려고 지나치게 애쓰는 수많은 부모를 상담해왔다.

그런 부모들은 완벽을 추구함에 있어서 가혹하리만큼 스스로를 몰아붙인다. 그들은 자신의 목표가 완벽해지는 것이라고 말하지 않지만 완벽해지기 위해 노력한다. 그런 부모들 중에는 우리를 찾아와 자녀들을 '바로잡아' 달라고 부탁하는 사람들도 있다.

그러나 실제로 자녀들을 만나보면 그들이 잘못을 저질렀거나 학업을 게을리했다기보다는 부모가 자녀들에게 비현실적인 기대를 품고 있는 경우가 많다.

우리는 자녀의 성공을 바라는 부모의 마음을 높이 사면서도 그들이 보다 현실적인 기대를 가질 수 있도록, 그리고 자녀와 보다 애정 있고 긍정적인 관계를 쌓아가는 데 에너지를 집중할 수 있도록 돕는다.

사랑받고 있다고 느끼는 아이는 구박받는다고 느끼는 아이보다 더 많은 잠재력을 발휘할 수 있다.

자녀들에게 좋은 본이 되고 싶어 하는 부모들을 위한 마지막 제안은 **'비전 및 사명 선언문'**을 써보라는 것이다.

목표를 알면 그 목표에 훨씬 더 가까이 다가갈 수 있다. 비전 선언문은 우리가 이루고자 하는 전체적이고 포괄적인 목표를 보여주고, 사명 선언문은 비전을 이루는 데 필요한 제반 단계와 작은 목표들을 보여준다.

여기 비전 선언문의 예가 있다. "부모인 우리의 비전은 우리의 생각과 느낌과 말과 행동에 늘 사랑과 긍정적인 생각과 격려와 용서와 은혜가 배어나게 하는 것이다. 우리는 자녀들이 우리를 본받아 그들 역시 완벽해질 필요가 없다는 것을 알고, 자신의 단점과 실패를 통해 성장하기를 바란다."

다음은 사명 선언문의 예다. "부모인 우리의 사명은 날마다 사랑의 렌즈를 통해 우리 자신을 보고, 자녀들에게도 똑같이 하도록 가르치는 것이다. 우리는 우리의 생각과 느낌과 말과 행동에 늘 사랑과 긍정적인 생각과 격려와 용서와 은혜가 배어나는지 정기적으로 점검할 것이다. 때때로 잘못을 범하겠지만 우리의 잘못을 인정하고 이를 바로잡기 위해 적극적으로 노력할 것이며, 부모로서 우리 자신과 우리 자녀들에게 합리적이고 현실적인 기대를 가질 것이다."

이 비전 선언문과 사명 선언문에는 부모가 자녀에게 지대한 영향을 미친다는 인식이 반영되어 있다.

부모의 영향에 대한 증거를 찾는 것은 어렵지 않다. 그것은 자녀들의 말과 행동에 그대로 나타난다.

물론 자녀들은 다른 사람들에게도 영향을 받는다. 그러나 초기부터 자녀들의 삶에 가장 근본적인 영향을 미치는 사람은 부모나 부모를 대신하여 자녀들을 돌봐주는 사람이다. 이처럼 자녀에게 지대한 영향을 미치는 만큼 부모는 자녀에게 좋은 본이 되기 위해 적극적으로 노력해야 한다.

거듭 강조하지만 나는 부모가 완벽한 본이 되어야 한다고 말하는 게 아니다. 우리의 강점과 약점 모두를 성장의 도구로 사용할 수 있어야 한다는 것이다. 더 좋은 쪽으로 변화하든, 더 나쁜 쪽으로 변화하든 우리 모두는 끊임없이 변화한다. 책임 있는 부모로서 우리의 목표는 우리의 약점을 보완하고 강점을 최대한 활용하는 것이다.

이 장에 나오는 아이디어들이 당신이 자녀들에게 좋은 본이 되는 데 도움이 되길 바란다. 우리가 부모가 되기 전에 이 아이디어들을 생각해보았다면 좋았을 것이다. 그랬다면 훨씬 더 일찍 중요한 변화를 이끌어냈을 것이다.

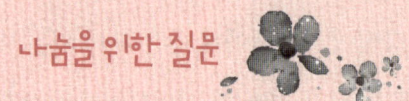
나눔을 위한 질문

1. 다음의 일곱 가지 성격적 특성 면에서 당신은 몇 점이나 되는지 스스로에게 0부터 10까지 점수를 매겨보라.

   · 친절   · 예의   · 인내   · 용서   · 겸손   · 관대함   · 정직

   이중 가장 향상시키고 싶은 성격적 특성은 무엇인가? 이 특성을 향상시키기 위해 어떻게 할 것인가? 앞으로 7주 동안 한 주에 하나씩 이 성격적 특성을 향상시키기 위해 집중적으로 노력해보라.

2. 다음 질문에 '기쁠 것이다'와 '슬플 것이다' 중 하나를 골라서 답하라.

   자녀들이 자라서

나와 같은 방식으로 분노를 다룬다면 기분이 어떨까?	
내가 배우자를 대하는 것처럼 그들의 배우자를 대한다면?	
내가 운전하는 것처럼 차를 운전한다면?	
나와 같은 직업윤리를 갖게 된다면?	
내가 다른 사람들에게 말하는 것처럼 말한다면?	
내가 갈등을 다루는 방식으로 갈등을 다룬다면?	
내가 알코올과 마약에 반응하는 방식으로 알코올과 마약에 반응한다면?	

나와 하나님과의 관계처럼 그분과 교제한다면?	
내가 돈을 쓰는 방식으로 돈을 쓴다면?	
내가 처가(시집) 식구들을 대하는 방식으로 처가(시집) 식구들을 대한다면?	
내가 자녀들을 대하는 방식으로 자기 자녀를 대한다면?	

질문에 대한 답변 중 '슬플 것이다'라고 답한 항목에 대해 배우자와 이야기해보고 긍정적인 변화를 이끌어낼 수 있도록 계획을 세우라.

3. 아이가 태어나기 전에 가장 바꾸고 싶은 것은 무엇인가? 배우자나 친구, 목사, 상담가와 의논해보고 실제로 변화를 이끌어내는 데 필요한 단계에 대한 아이디어들을 수집하라.

4. 자녀에게 본이 되기 위해 부모가 꼭 완벽해야 하는 것은 아니다. 그러나 잘못했을 땐 사과할 줄 알아야 한다. 여기에 대해서는 8장에서 보다 자세히 다룰 것이다.

8.

때로는 부모도 사과해야 한다

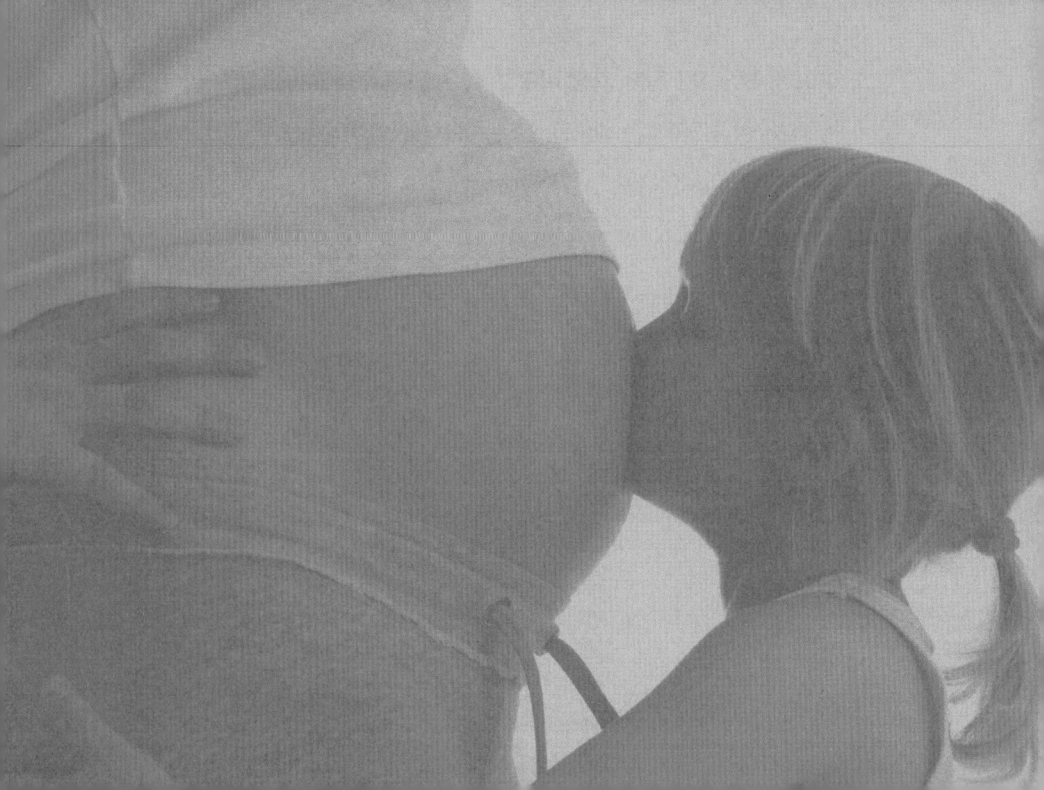

아기 침대 안을 들여다볼 때만 해도 내 머릿속에는 아이들에게 사과를 하게 되리라는 생각 같은 건 없었다. 내가 아이들에게 상처를 줄일은 결코 없을 테니까 말이다. 나는 아이들이 태어난 순간부터 그들을 사랑했다. 아버지로서 아이들을 보호하고 가르치며, 그들을 위해 기도하고, 그들이 잘 살아갈 수 있도록 내가 할 수 있는 모든 일을 다 할 생각이었다. 하지만 지금 그 시절을 돌이켜보니 아이들에게 사과할 일이 없을 만큼 완벽한 아버지가 되리라는 생각은 순진하기 짝이 없는 생각이었다.

우리는 왜 가장 사랑하는 사람들에게 상처를 줄까? 그것은 우리가 인간이기 때문이다. 우리 모두 결함이 있고, 결함이 있는 부모에게서 태어났다. 완벽한 사람은 아무도 없다. 어떤 강연회에서 "완벽한 남편을 아시는 분 있나요?"라는 강사의 질문에 한 남자가 손을 드는 것을 보기는 했지만 말이다. 그는 질문을 듣자마자 손을 들고는 "아내의 첫 번째 남편이요."라고 말했다. 내 생각에 완벽한 남편이 있다면 그들은 이미 고인이 된 사람들로, 그들 대부분이 사후에 완벽해졌을 것이다. 사실 우리 모두는 인간이기 때문에 배우자나 자녀들에게 종종 상처가 될 말이나 행동을 한다.

좋은 소식은 우리가 뭔가를 잘못했어도 우리에게 사과할 마음이 있고 상대방에게 용서할 마음이 있다면 관계의 단절까지는 이르지 않는다는 것이다. 좋은 관계를 유지하는 데에는 사과하고 용서하는 게 필수적이다. 자녀들도 완벽한 사람으로 성장할 수는 없기 때문에 사과와 용서의 기술을 배워야 한다.

> 우리는 왜 가장 사랑하는 사람들에게 상처를 줄까? 그것은 우리가 인간이기 때문이다.

손녀가 다섯 살 때의 일이다. 우리 집에 놀러 온 손녀가 할머니에게 "스티커 가지고 놀아도 돼요?" 하고 물었다. 아내 캐롤린에게 '스티커 서랍'이 있다는 사실을 알고 있었던 것이다. 캐롤린은 손녀에게 "물론이지. 마음에 드는 걸로 세 개 가지려무나."라고 말한 뒤 자기 일을 했다. 30분쯤 뒤 내가 집에 도착했을 때에는 집 안 곳곳에 스티커가 붙어 있었다. 의자에 붙어 있는가 하면 문에도 붙어 있고 서랍장에도 붙어 있었다. 오븐에도 붙어 있고 냉장고에도 붙어 있었다. 내가 "이게 다 웬 스티커예요?" 하고 묻자 캐롤린은 그제야 주위를 돌아보고 무슨 일이 벌어졌는지 알아차렸다. 그녀는 손녀에게 "할머니 말을 안 들었구나! 내가 스티커 세 개만 가지라고 했는데 그 말을 어기고 사방에 스티커를 붙여놓았어."라고 말했다. 그러자 손녀는 울음을 터뜨리며 "나를 용서해줄 사람이 필요해요."라고 말했다. 물론 캐롤린은 손녀를 꼭 끌어안고 "할머니가 용서하마. 할머니는 너를 아주 많이 사랑한단다."라고 말해주었다.

"나를 용서해줄 사람이 필요해요."라고 했을 때, 손녀는 전 인류를 대변한 셈이다. 사과와 용서는 건강한 관계에 필수적이다. 용서를 구하는 첫걸음은 사과하는 것이고, 용서는 깨어진 관계를 치유한다. 그러나 우리 중 몇몇은 사과하지 말라고 배운다. 어느 젊은이가 이렇게 말했다. "아버지께서 '진짜 사나이는 사과하지 않는 법'이라고 하셨어요." 나는 그 젊은이에게 "아버님은 아마도 좋은 분이시겠지만 잘못 알고 계신 겁니다. 좋은 부부 관계를 유지하고 좋은 부모가 되려면 사과할 줄 알아야 해요."라고 말해주었다.

문제는 사과에 대한 생각이 사람마다 서로 다르다는 것이다. 상담실을 찾아온 한 부부가 생각난다. 아내가 "남편이 사과했다면 용서했을 거예요."라고 말하자 남편은 "미안하다고 했잖아요."라고 했다. 그러자 아내는 "그건 사과가 아니에요."라고 맞받아쳤다. 그녀는 분명 미안하다는 말 이상의 것을 원했다.

우리 대부분은 부모로부터 사과를 하도록(혹은 하지 말도록) 배운다. 앞에서 언급한 남편은 아마도 어린 시절 동생을 계단에서 밀었을 때 어머니가 "조니, 동생을 밀면 안 돼. 가서 미안하다고 하렴."이라고 말했을 것이고, 그래서 동생에게 "미안해."라고 했을 것이다. 이제 스물여

덟 살이 된 그는 자신이 아내에게 상처 주었음을 깨닫고 미안하다고 말한다. 그가 생각할 때 자신은 사과를 한 것이다. 그러나 아내가 배운 사과의 방식은 조금 달랐다. 아내의 어머니는 누군가에게 상처 주었다는 것을 깨달았을 때에는 늘 "내가 잘못했어. 그래서는 안 되는 거였는데…. 용서해줘."라고 말하도록 가르쳤다. 그래서 아내는 남편이 이런 말을 해주기를 기다렸다. 그러나 이런 말은 남편으로서는 생각도 해보지 못한 말이었다.

5가지 사과의 언어

몇 년 전 제니퍼 토머스 박사와 함께 『미안하다는 말로는 부족할 때』(When Sorry Isn't Enough)[11]라는 책을 썼는데, 그 과정에서 수천 명의 사람들에게 다음의 두 가지를 물어보았다.

- 당신은 사과할 때 주로 어떤 말이나 행동을 합니까?
- 누군가 당신에게 사과할 때 당신은 그들이 어떤 말이나 행동을 해주길 바랍니까?

---

11) Gary Chapman and Jennifer Thomas, *When Sorry Isn't Enough* (Chicago: Northfield Publishing, 2013).

이 두 질문에 대한 사람들의 답은 다섯 가지 유형으로 분류되었고, 우리는 이것을 '5가지 사과의 언어'라고 부른다. 여기서 이 5가지 사과의 언어에 대해 간략하게 소개하고자 한다. 5가지 모두를 자녀들에게 가르쳐야 한다고 믿기 때문이다.

1) 유감 표명 – "미안해."

미안하다는 한마디로 끝내서는 안 된다. 무엇이 미안한지 말해줘야 한다. "화내고 소리 질러서 미안해." "물어보지도 않고 네 장난감을 가져가서 미안해." "네가 쌓아놓은 블록을 무너뜨려서 미안해." 하는 식으로 말이다. 또 한 가지 중요한 점은 "미안해."라는 말 뒤에 "하지만"이라는 말을 덧붙이면 안 된다는 것이다. 예컨대 "화내서 미안해. 하지만 만약 네가 …하지 않았다면 나도 화내지 않았을 거야."라고 말하는 것은 자녀에게 잘못을 떠넘기는 셈이 된다.

2) 책임 인정 – "내 잘못이야. 그러지 말아야 했는데."

"변명의 여지가 없네. 전적으로 내 책임이야." 자녀가 자기 행동에 대한 책임을 인정하도록 돕는 것이 중요하다.

우리 아들이 일곱 살쯤 되었을 때 실수로 탁자 위의 유리컵을 쳐서 깨뜨렸다. 그 순간 아들은 "저절로 떨어져서 깨졌어요!"라고 말했고, 나는 "다르게 말해보자. '제가 실수로 유리컵을 떨어뜨렸어요.'라고 말이야."라고 했다. 그러자 아이는 눈물이 그렁그렁한 눈으로 "제가 실수로 유리컵을 떨어뜨렸어요."라고 말했다. 아이가 잘못한 것은 맞지만 그것은 실수였다. 그래서 나는 아이가 자기 행동에 대한 책임을 인정하도록 돕고자 했다.

3) 보상 – "내가 어떻게 하면 될까?"

"어떻게 하면 나를 용서할 수 있겠니?" 어떤 사람들은 상대방이 잘못을 바로잡으려 하지 않으면 사과한 게 아니라고 생각한다. 아이들에게는 고의로 무너뜨린 블록을 다시 세우는 것과 같은 일이다.

4) 진정한 뉘우침 – "잘못했어. 다시는 안 그럴게."

"책상 위에 '에릭의 방에 들어갈 때는 반드시 노크를 한 뒤 들어가도 되는지 물어본다.'라고 적힌 카드를 올려둘게. 그러면 노크하는 것을 잊지 않을 거야." 어떤 사람들은 상대방이 변화의 의지를 보여야 그의 사과가 진실하다고 믿는다.

5) 용서 요청 – "나를 용서해주겠니?"

"용서해줘." 어떤 사람들에게 이것은 당신이 그와의 관계를 소중히 여긴다는 것을 의미한다.

당신이 상대방에게 상처를 주었고 당신의 행동 때문에 둘 사이에 벽이 생겼음을 깨달으라. 그리고 다시 예전처럼 잘 지낼 수 있도록 진심으로 용서를 구하라.

토머스 박사와 나는 대부분의 성인이 5가지 사과의 언어 전부를 배운 게 아니라는 사실을 알게 되었다. 많은 사람이 그중 한두 개만 배웠고, 성인이 되어서도 자신이 아는 언어만 사용한다. 그리고 자신의 사과가 상대에게 제대로 전달되지 못할 수 있음을 깨닫지 못한다. 남편이 아내에게, 또 아내가 남편에게 아무리 사과해도 상대방이 그 마음을 이해하지 못하고 용서하기 힘들어하는 이유가 바로 이것이다.

당신이 진실한 사과라고 여기는 것과 배우자가 그렇다고 생각하는 것에 대해 이야기를 나누라. 상대에게 의미 있는 방식으로 사과하면 서로를 용서하기가 한결 수월해진다.

물론 부부 중 한 사람은 절대로 사과하지 않는 사람일 수 있다. 어쩌면 당신의 아버지도 "진짜 사나이는 사과하지 않는 법"이라고 말했을 수 있다. 만약 그렇다면 아버지를 사랑하되 그 조언만큼은 거부하라. 사과할 줄 모르면 자녀의 사회성 발달에 문제가 생길 수 있고 배우자와의 관계에도 금이 갈 수 있다.

7장에서 말했듯 당신이 본을 보이는 것이 자녀에게 사과를 가르치는 가장 좋은 방법이다. 나는 지금 자녀에게 사과할 줄 알아야 한다고 말하는 중이다. 부모가 사과하면 자녀들이 부모에 대한 존경심을 잃어버릴 것이라고 생각하는 부모들이 있지만, 사실은 그 반대다. 자녀들은 오히려 그런 부모를 존경한다. 그들은 이미 부모의 말이나 행동이 잘못되었다는 것을 알고 있기 때문이다.

무엇을 사과해야 하는가?

부모는 자녀에게 어떤 행동을 사과해야 할까? 당신이 자녀에게 한 불친절한 말이나 행동에서부터 시작하자. 아마도 당신은 화가 나서 자녀에게 심한 말을 하거나 소리를 지른 적이 있을 것이다. 이때 자녀에게 사과하지 않으면 그 말이 오래도록 자녀의 마음에 남을 수 있다.

자녀가 당신에게 무언가를 말하거나 관심을 끌려고 하는데 그에게 주의를 기울이지 않았다면 그것에 대해서도 사과해야 한다. 어떤 부모들은 상황을 제대로 알아보지도 않고 자녀에게 부당한 벌을 주기도 하고, 또 어떤 부모들은 말로 타일러도 될 일에 지나치게 심한 벌을 주기도 한다.

자녀에게 사과해야 할 또 다른 행동에는 간접적으로 자녀에게 안 좋은 영향을 미치는 말과 행동이 있다.

부모들은 자녀의 생각이나 감정을 고려하지 않은 채 자녀 앞에서 심한 언쟁을 벌일 때가 있다. 이런 경우 반드시 자녀에게(그리고 배우자에게) 사과해야 한다. 부모가 다른 사람에게 함부로 하는 모습을 보였을 때도 마찬가지다. 자녀에게 간접적으로 상처를 주는 행동의 또 다른 예는 일을 하거나 집안 살림을 돌보거나 자녀에게 음식과 안전을 제공하는 등의 기본적인 부모 역할을 하지 못하는 것을 들 수 있다. 특정한 중독(약물 중독이나 도박 등)에 빠져도 부모로서의 역할을 하기 힘들다.

이런 이야기를 하는 것은 당신의 죄책감이나 수치심을 유발하기 위해서가 아니다. 부모가 자녀에게 사과해야 할 때를 알고 적극적으로 사과하게 하기 위함이다. 부모가 사과의 중요성을 알고 제때 사과하는 것이 곧 자녀에게 건강한 관계를 맺는 기술을 가르치는 것이다.

사과하면 어떤 유익이 있는가?

자녀에게 사과하면 어떤 유익이 있을까? 다음과 같은 세 가지 긍정적인 결과가 나타난다.

성품을 개발한다

부모는 자녀의 성품을 개발하는 데 관심이 있다. 다시 말해 정신력과 내면의 힘으로 시련에 맞서는 능력을 개발하는 데 관심이 있다. 자녀들은 어릴 때부터 성인이 된 이후까지 계속 성품을 개발해나간다. 부모들 역시 자녀에게 직·간접적으로 안 좋은 영향을 미치는 실수를 할 때를 포함하여 다양한 어려움을 겪는 동안 지속적으로 성품을 유지하고 개발해나가야 한다. 실수를 통해 배우는 것은 그 자체가 성품을 개발하는 것이다. 실수를 통해 배운다는 것은 부모가 자신의 실수를 인정하고 반성하며 추후에 같은 실수를 반복하지 않는 것을 의미한다. 실수를 인정하고 반성하며 개선하고자 하는 이러한 과정이 부모의 성품을 개발하는 데 도움이 된다. 실수를 통해 배움으로써 부모는 자녀에게 실수를 효과적으로 다루는 것이 얼마나 중요한지를 보여주는 본이 된다. 예를 들어 자신이 화났음을 깨닫고 25까지 수를 세면서 화를 가라앉히는 부모는 자녀에게 감정을 다스리는 본이 되고, 비록 화를 내기는 했어도 이를 반성하고 잘못을 인정하며 사과하는 부모는 좋은 성품의 본을 보여주는 결과를 낳는다.

> 실수를 통해 배우는 것은 그 자체가 성품을 개발하는 것이다.

샤년은 내게 오랜 세월 분노를 폭발시켜 온 것을 후회하는 어느 아버지의 이야기를 들려주었다. 그는 잘못을 깊이 뉘우치고 가족 모두에게 사과했다. 누구에게도 용서를 구하는 말을 들어본 적 없는 열두 살 된 아들은 충격을 받았으며, 이 사건은 가족 모두에게 삶의 전환점이 되었다.

관계를 회복시킨다

가족이 서로에게 심하게 굴면 건강한 가족 관계를 기대할 수 없다. 한바탕 폭풍우가 휘젓고 가면 자녀들과 배우자는 침묵 속에서 고통을 견딘다. 시간이 지난다고 상처가 회복되는 것은 아니다. 잘못을 인정하고 사과하고 용서를 구할 때 상처가 치유된다. 다음은 샤년의 경험담이다. "프레슬리가 두 살이 된 지 얼마 안 됐을 때예요. 저와 함께 주방에서 간식을 먹다가 실수로 제 우유컵을 쳐서 넘어뜨렸어요. 부끄러운 이야기지만 그 순간 저는 소리를 버럭 질렀어요. 속으로 '이러면 안 되는데' 생각하면서 말이죠. 사실 저는 다른 일로 받은 스트레스를 아이에게 풀었던 것 같아요. 물론 프레슬리는 제가 스트레스 받은 것을 알지 못하고 자기에게 화가 나서 소리를 지른다고 생각했어요. 결국 울면서 아빠에게 갔지요. 저는 프레슬리가 진정이 될 때까지 잠시 기다렸다가 그 애를 품에 안고 이렇게 말했어요. '미안하다, 프레슬리. 너에게 소리를 지르면 안 되는 거였는데.' 그러자 프레슬리는 저를 꼭 껴안으며 사랑스러운 목소리로 제 말을 따라 했어요. '소리를 지르면 안 되는 거였어?' 그 말이 마치 '소리를 지르면 안 되는 거였어, 그렇지?'처럼 들리더군요. 그날 프레슬리는 저에게 그 말을 몇 번이나 반복했어요. 큰애와 작은애도 비슷한 질문을 해요. 저에게 '아직도 나한테 화났어요?'라고 물으면서요. 이런 말들은 부모와의 갈등이 있은 후 아이들이 부모와의 유대가 여전하고, 그들이 다시 부모에게 받아들여지고 있다는 것을 몹시 확인하고 싶어 한다는 것을 보여주지요."

부모가 불친절하고 불공정할 때 아이들은 부모가 정서적으로 거리를 둔다고 느끼거나 자기를 좋아하지 않고, 심지어 미워한다고 느낀다. 그러나 부모가 진심으로 사과하고 같은 실수를 반복하지 않으려고 애쓸 때 아이들은 이런 생각에서 벗어나 다시 부모와 정서적으로 연결될 수 있다. 물론 성인에게나 아이에게나 용서는 저절로 되는 게 아니다. 그렇기 때문에 부모는 자신이 저지른 최악의 실수를 아이들이 곧바로 용서해주리라 기대하지 말아야 한다. 그러나 진실한 사과와 관계 개선을 위한 지속적인 노력은 심하게 파괴된 관계까지도 회복 가능한 것으로 만든다.

자녀에게 자기 잘못을 다루는 법을 가르친다

아이들은 완벽하지 않다. 그들은 규칙을 어기기도 하고, 부모나 형제들에게 심한 말을 하기도 하고, 다른 아이들을 떠밀거나 걷어차기도 한다. 아이가 아주 어릴 때에는 이런 모습이 상상이 안 되겠지만 조만간 이렇게 될 것이다. 아이들은 본래 사과를 잘 하지 않는다. 사과를 하기보다 다른 사람의 잘못으로 돌리려 한다. 혹시 당신에게도 그런 면이 있지 않은가? 자기 잘못을 인정하기보다 배우자의 잘못으로 돌리는 편이 훨씬 쉽다. 당신이 자기 잘못을 건강한 방식으로 해결하는지는 오직 당신만 안다. 성인들 중에도 사과를 힘들어하는 사람이 많다. 그들은 배우자나 다른 사람들에게 심한 말을 하고, 거리를 두며, 자신의 잘못된 행동을 다른 사람 탓으로 돌린다. 그러나 이러한 일이 반복되면 관계가 단절되기 쉽다.

사과하는 법을 배우는 5단계

자녀에게 사과하는 법을 가르치려면 먼저 당신 자신부터 사과하는 법을 배워야 한다. 아이가 태어나기 전이나 아직 어릴 때 배우는 게 가장 좋다. 지금부터 사과하는 법을 배우는 5단계를 소개한다. 그중 당신이 어느 단계에 있는지 보라. 이것은 당신이 자녀에게 가르쳐야 할 5단계이기도 하다.

1) 자기 행동에 대한 책임을 인정하라

"차고 문을 열어놓고 왔어." "쓰레기 버리는 것을 깜빡했어." "접시를 깨뜨렸어." "내 말이 너무 심했어." "내가 너무 불친절했어." "우유를 사온다는 걸 깜빡했어." 이 말들 중 도덕적인 잘못을 지적하는 말은 하나도 없다. 그냥 인간적인 실수를 지적하는 말일 뿐이다. 그러므로 단순히 당신의 행동에 대한 책임을 인정하면 된다.

2) 당신의 행동이 다른 사람들에게 영향을 미친다

누구도 혼자 세상을 살아가지 않는다. 우리가 하는 모든 일은 그것이 좋은 일이든 나쁜 일이든 주변 사람들에게 영향을 미친다. 만일 내가 아내와 함께 음악회에 가기로 하고 두 시간 늦게 퇴근해 돌아왔다면 아내는 몹시 실망할 것이다. 내가 차고를 깨끗하게 청소하면 아내는 기분이 좋아질 것이다. 내가 화를 내며 고속도로를 시속 150킬로미터로 달리면 아내는 겁에 질릴 것이다. 이처럼 우리가 하는 모든 일은 좋든 나쁘든 다른 사람들에게 영향을 미친다.

3) 삶에는 규칙이 있다

우리는 종종 어린 자녀들의 안전을 위해 규칙을 정하려 하지만 성인인 우리 역시 스스로의 안녕을 위해 지켜야 할 규칙이 있다. 규칙이 없으면 사회가 혼란스러워질 것이다. 규칙을 지킬 때 삶이 훨씬 더 편안해지며, 규칙을 어길 때 좋지 않은 결과가 따라온다. 최고의 규칙은 황금률이라 불리는 것으로 "남에게 대접받고자 하는 대로 남을 대접하라"는 것이다.

4) 사과는 관계를 회복시킨다

우리 모두는 가족이나 직장 동료, 친척, 이웃 간의 관계에 금이 가는 것을 보아왔다. 이런 일 대부분은 사과를 하지 않거나 용서를 하지 않는 데서 비롯된 결과다. 사과할 때 용서받을 수 있는 가능성의 문이 열리고, 용서할 때 관계가 회복된다.

5) 상대방의 방식으로 사과하는 법을 배워야 한다

이 단계에서는 앞서 이야기한 5가지 사과의 언어가 도움이 될 것이다. 어렸을 때 5가지 사과의 언어를 다 배우는 사람은 거의 없다. 그러나 무언가를 배우기에 너무 늦은 나이도 없다. 다음의 예시를 보고 당신이 어떤 사과의 언어를 얼마나 능숙하게 구사하는지 생각해보라.

"…해서 미안해."
"내가 잘못했어."
"내가 어떻게 하면 될까?"
"다시는 안 그럴게."
"용서해줘."

아이들은 5가지 사과의 언어를 모두 배워야 하지만 이것을 부모에게서 들어본 적 없는 한 실제로 배우기가 쉽지 않다. 사과하는 게 어색하다면 거울 앞에 서서 큰 소리로 사과하는 연습을 하라. 연습을 많이 할수록 실제로 배우자나 직장 동료에게 사과를 더 잘할 수 있을 것이다.

그러나 사과만으로 관계가 회복되는 것은 아니다. 사과가 첫걸음이기는 하지만 벽을 허무는 데는 용서가 필요하다. 내가 당신의 사과를 받아들일 때 나는 당신을 용서하기로 한 셈이다. 즉 용서는 상대방이 어떤 잘못을 얼마나 했느냐에 따라, 그리고 상대방의 사과가 얼마나 진실하게 와 닿느냐에 따라 쉬울 수도 있고 어려울 수도 있다. 부부가 서로 사과하고 용서할 때 두 사람의 관계를 더 좋게 할 뿐 아니라 자녀에게도 좋은 본이 된다.

내가 사과하는 법을 조금 더 일찍 배웠다면 좋았을 것이다. 신혼 초 나의 말과 행동에 책임을 지고, 내 잘못을 인정하고, 내가 잘못한 것에 대해 아내에게 보상하고, 같은 잘못을 반복하지 않기 위해 노력하고, 용서를 구했더라면 캐롤린과의 많은 부부싸움을 피할 수 있었을 것이다. 당신이 사과하고 용서하는 마음과 능력을 기르는 데 이 장이 도움이 되길 바란다.

나눔을 위한 질문

1. 당신이 마지막으로 누군가에게 사과한 것이 언제인가? 당신은 사과할 때 어떻게 하며, 상대방은 그것을 어떻게 받아들이는가? 그 결과에 만족하는가? 이 장을 읽은 뒤 당신의 사과하는 방식이 어떻게 달라질 것 같은가?

2. 당신의 부모님은 사과할 때 어떻게 하라고 가르치셨는가?

3. 부모님이 당신에게 사과한 적 있는가? 부모님이 당신에게 사과해주기 바라는 것은 무엇인가?

4. 다음에 열거한 사과의 언어를 보고 진실한 사과로 느껴지는 것에 표시하라.

(유감 표명)	"…해서 미안해."
(책임 인정)	"내 잘못이야. 그래서는 안 되는 거였는데."
(보상)	"내가 어떻게 하면 될까?"
(진정한 뉘우침)	"잘못했어. 다시는 안 그럴게."
(용서 요청)	"나를 용서해줘."

5. 당신이 진실한 사과라고 생각하는 말과 배우자가 진실한 사과라고 생각하는 말에 대해 배우자와 이야기해보라. 상대방에게 와 닿지 않는 사과의 언어를 사용함으로써 서로 오해할 수 있음을 알겠는가?

6. 배우자에게 마지막으로 사과한 것이 언제인가? 그때 배우자는 어떻게 반응했는가?

7. 배우자가 당신에게 마지막으로 사과한 것은 언제인가? 그때 당신은 어떻게 반응했는가?

8. 배우자가 사과했을 때 당신은 그를 얼마나 잘 용서할 수 있었는가? 배우자의 어떤 말이나 행동 때문에 그를 용서하기가 수월했는가? 그 이야기를 배우자에게 들려주라.

9. 건강한 가족 관계를 위해서는 배우자와 자녀들에게 효과적으로 사과할 줄 알아야 한다. 이것은 자녀가 배워야 할 기본적인 사회성이기도 하다 (사회성에 대해서는 9장에서 보다 자세히 다룰 것이다).

9.

사회성은 학업 능력 못지않게 중요하다

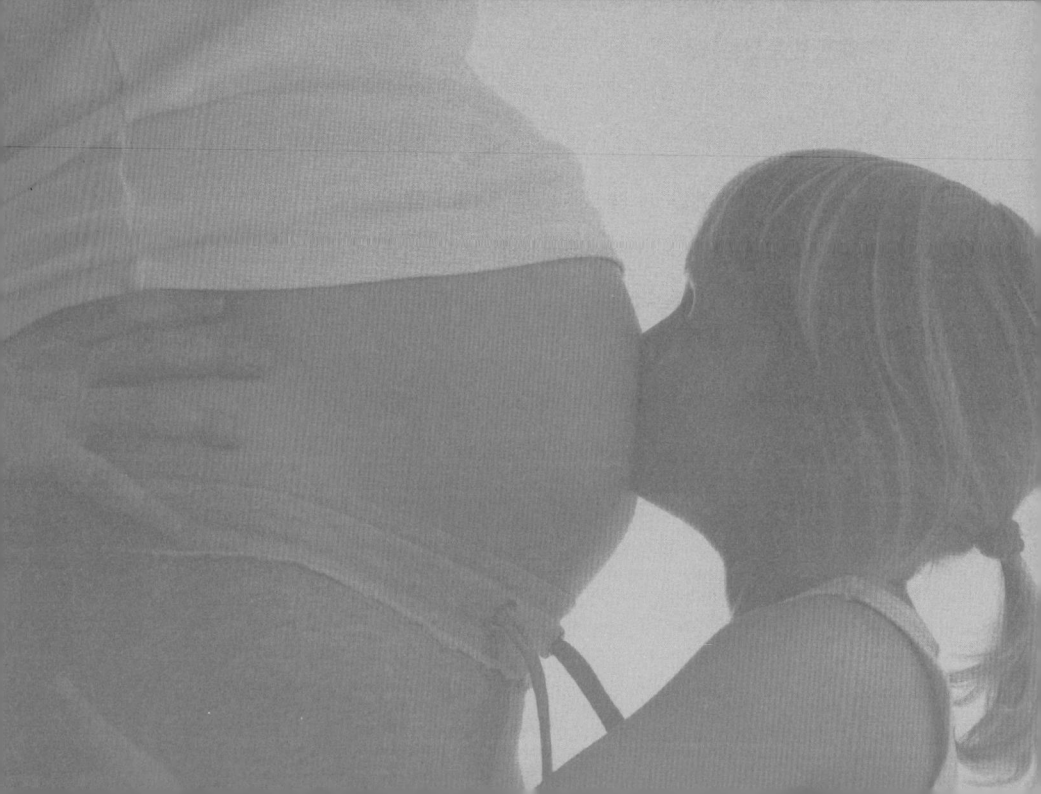

부모들은 자녀가 공부를 잘하면 장차 '좋은 삶'을 살아갈 수 있으리라 믿는다. 성적이 반드시 인생의 성공을 보장하는 게 아니라는 사실을 모르는 것이다.
　하지만 사회성(social skills)이 없으면 학교에서 'A' 학점을 받은 사람도 인생에서 'C'나 'D'를 받을 수 있다. 직장에서 해고된 많은 사람이 지적 능력이 부족해서가 아니라 사람들과 잘 어울리지 못해서 해고된다. 이혼한 사람들 대부분도 지적인 사람들이지만 언쟁을 벌이지 않고 갈등을 해결하는 법과 사랑에 도취된 시기가 지난 후에도 사랑을 유지하는 법, 요구가 아닌 요청하는 법을 알지 못하고, 그 밖에도 사회성을 요하는 수많은 상황을 헤쳐나가는 법을 알지 못한다.
　학업 능력의 중요성을 폄하하려는 게 아니다. 인생을 성공적으로 살아가려면 학업 능력만으로는 부족하다는 말을 하고 싶은 것이다. 대부분의 직업은 다른 사람들과 함께 하는 일들로 이루어져 있으며, 그런 만큼 '대인관계의 기술'이 성공을 좌우한다. 이 장에서는 성공에 필수적인 사회적 기술 몇 가지와 자녀들이 이 기술을 함양하도록 도울 수 있는 방법을 소개하고자 한다.

자녀들이 어렸을 때 나는 그들이 사랑 많고 친절하고 책임감 있고 성실하고 예의바른 사람으로 성장하기 바랐다. 또한 자기감정을 잘 다스리고 다른 사람의 감정을 존중하는 사람이 되기를 바랐고, 붙임성 있고 사교적인 사람이 되기를 바랐다. 다른 사람을 섬기는 데서 보람을 찾는 사람이 되기를 바랐다. 그러나 어떻게 하면 자녀들이 그런 자질을 갖출 수 있을지에 대해서는 별로 생각해보지 않았다. 그냥 아이들이 그런 사람으로 자라주기를 막연히 바랐을 뿐이다.

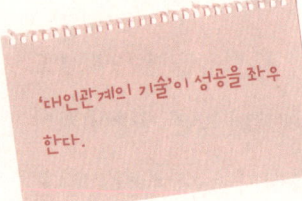

'대인관계의 기술'이 성공을 좌우한다.

이 장에서 나는 자녀의 사회성 발달에 관하여 내가 서재와 상담실에서 알게 된 것들과 아이들을 키우면서 알게 된 것들을 나누고자 한다.

어떻게 공감 능력을 배우는가?

공감 능력, 즉 다른 사람의 감정에 동화되어 그들의 고통과 기쁨을 느낄 수 있는 능력에서부터 시작해보자. 공감 능력은 상담가의 필수적인 자질로, 이것 없이는 좋은 상담가가 될 수 없다. 그러나 세상에는 공감 능력이 없는 사람들이 많다. 그들은 자신의 감정을 알고 이를 표현하는 법을 배운 적이 없기 때문에 다른 사람의 감정을 이해하는 데 어려움을 겪는다. 이런 사람들은 깊은 슬픔이나 절망에 빠진 직장 동료들을 따스하게 감싸 안아주지 못한다. 고통 중에 있는 사람들에 대한 기본적인 접근 방식도 거리를 두는 것이다. 그들은 선량하고 정직할지 모르지만 공감 능력이라는 사회적 기술은 결여되어 있다.

그렇다면 어떻게 해야 자녀에게 공감 능력을 가르칠 수 있을까?

그것은 자녀의 감정에 공감하고자 하는 부모의 노력에서부터 시작된다. 우리는 아기가 울면 우는 이유를 알아보려 한다. 아기들은 말을 하지 못하기 때문에 부모는 아기가 우는 이유를 짐작만 할 뿐이다. 아기가 우는 것은 배가 고파서일 수도 있고, 기저귀가 축축해서일 수도 있고, 아프거나 피곤하거나 지루해서일 수도 있고, 단순히 다른 사람의 애정 어린 손길이 필요해서일 수도 있다. 시간이 지나면서 우리는 다양한 종류의 아기 울음소리를 구분하게 된다. 부모가 인내심을 가지고 아기의 울음에 공감하며 반응할 때 아기의 기본적인 필요가 충족될 뿐 아니라 부모와 자녀 사이에 사회적 관계의 기초가 형성된다. 이것은 자녀에게 공감 능력을 가르치는 첫 단계다.

이후 아기가 걸음마를 하고 말을 하기 시작하면 부모는 아이의 기분에 대해 좀 더 잘 알 수 있게 된다. 이때 부모가 해야 할 일은 자녀의 감정을 말로 표현해주는 것이다. 예를 들어 걸음마를 하는 아이가 넘어져서 울면 아이를 안아주면서 "우리 아기 아파요? 어디가 아픈지 보여주세요."라고 말하는 식이다. 이와 같이 부모는 한동안 아이가 감정적인 표현을 습득할 수 있도록 도와야 한다. 공감 능력을 키우기 전에 먼저 스스로의 감정을 알아야 하기 때문이다. 그러다 보면 결국 아이는 부모의 감정을 이해하는 단계에 이른다. 엄마가 "네가 말을 안 들어서 속상해."라고 말할 때 아이가 "미안해요, 엄마."라고 대답한다면 그 아이는 엄마의 감정에 공감할 줄 알게 된 것이다. 이것은 많은 시간을 요하는 과정이지만 당신과 자녀 모두의 감정을 이야기함으로써 자녀에게 공감 능력이라는 중요한 사회적 기술을 길러줄 수 있다.

친절을 가르치라

두 번째 사회적 기술은 **친절**, 즉 다른 사람의 삶을 더 낫게 만들어주는 말과 행동이다. 친절을 베풀 줄 아는 아이는 다른 사람들의 삶을 더 풍요롭게 할 뿐 아니라 스스로도 매우 만족스러운 삶을 살아갈 수 있다. 아프리카에서 많은 사람을 섬기며 살았던 알베르트 슈바이처는 1952년에 노벨평화상을 받으며 수상 연설에서 이렇게 말했다. "내가 아는 한 가지는 다른 사람을 섬기려 하고, 또 섬길 방법을 찾은 사람들만이 진정으로 행복하다는 것입니다."[12]

---

12) George Sweeting, *Who Said That?* (Chicago: Moody Publishers, 1995), 250p.

자녀에게 친절을 가르칠 때 당신은 그에게 가장 중요한 사회적 기술 하나를 가르치는 것이다. 그리고 그 모든 것은 당신이 자녀에게 친절하게 대하는 것에서 시작한다. 상냥한 어조로 친절한 말을 하고 아이의 삶을 더 낫게 만들어줄 친절한 행동을 할 때 당신은 친절의 본을 보이는 셈이다. 모든 아이는 친절한 말과 행동에 긍정적으로 반응한다.

이러한 패턴이 형성되기 시작하면 당신은 자녀에게 이렇게 말할 수 있을 것이다. "지난번에 칭찬을 받고 기분이 좋았던 것 기억나? 할머니께도 기분이 좋아지실 말을 해드리자." 그러면 아이는 신이 나서 무슨 말을 할지 생각할 것이다. 아니면 "네가 차고를 청소했을 때 엄마가 얼마나 좋아했는지 기억해? 엄마를 기쁘게 해줄 또 다른 일을 생각해보자."라고 말할 수 있을 것이다. 이와 같이 친절한 말과 행동을 보고 자란 아이들은 분명 친절한 어른으로 성장할 것이다.

감사를 표현하는 기술

세 번째 사회적 기술은 **감사**를 표현하는 것이다. 아이들은 "감사합니다."라고 말하는 법을 배울 때 장차 그들의 대인관계를 더 낫게 해줄 사회적 기술을 함양하게 된다. 학교 식당에서 일하는 지인이 이렇게 말했다. "매일 점심시간에 300명의 학생에게 배식을 하는데 그중 '감사합니다.'라고 말하는 학생은 10명 정도에 지나지 않아요. 늘 같은 아이들이죠. 그 아이들 때문에 하루가 즐겁답니다." 당신의 자녀가 그 10명 중 하나라면 어떨까?

이 모든 것은 당신이 본을 보이는 데서 시작된다. 당신이 식사를 준비해준 배우자에게 고맙다고 말할 때 아이들도 당신을 따라 감사하는 마음을 표현하게 될 것이다. 아이들에게 "오늘도 우리를 위해 열심히 일하시는 아빠께 감사하자"고 말할 때 당신은 그들이 누리고 있는 것들이 저절로 주어지는 게 아니라는 사실을 가르치게 된다. 감사할 줄 아는 부모에게서 감사할 줄 아는 아이들이 자라난다.

아이가 자라 말을 시작하게 되면 '감사 놀이'를 해보는 것도 좋다. '감사 놀이'란 모두 한자리에 모여 방 안에 있는 물건을 하나씩 가리키며 감사를 표현하는 놀이다. 예를 들어 한 사람이 "이 의자가 있어서 감사해."라고 말하면 다른 사람이 "카펫이 있어서 감사해."라고 말하는 식이다. 그렇게 10분 동안 몇 가지나 감사할 수 있는지 시험해보라. 이 게임을 하면서 아이들은 매우 즐거워할 것이고 "…가 있어서 감사해."라고 말할 때마다 감사하는 기술을 배우게 될 것이다.

당신이 마지막으로 감사하다고 말한 것이 언제인가? 기억이 잘 안 난다면 매일 최소한 세 명에게 감사하다고 말하는 것을 목표로 정하라. 당신이 평소에 감사를 잘 표현하지 않는다면 자녀에게 이 기술을 가르치기 힘들 것이다.

네 번째 사회적 기술은 다른 사람들과 대화할 때 신경을 분산시키지 않고 온전히 집중하는 **주의 집중** 기술이다. 아내 캐롤린은 "무슨 일을 하든 온 마음을 다하세요."라고 말한다. 이 말은 내게 온전한 주의 집중의 중요성을 깨우쳐준다. 요즘은 많은 사람이 시간 절약을 위해 한꺼번에 여러 가지 일을 하려고 하지만 이것은 관계를 쌓아가는 데 별로 도움이 되지 않는다. TV를 보거나 SNS를 하다가 배우자로부터 "내 말 듣고 있어요?"라는 말을 들어본 적 있는가? 이때 당신은 "듣고 있어요."라고 대답할 것이다. 물론 TV를 시청하면서도 배우자의 말을 들을 수 있지만, 주의 깊게 듣는 것은 불가능하다. 그 순간 당신의 배우자가 원하는 것은 그의 말에 온전히 주의를 집중하는 것인데 말이다.

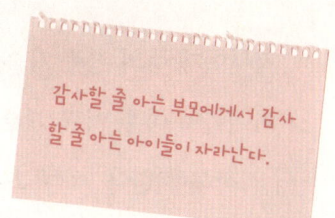
감사할 줄 아는 부모에게서 감사할 줄 아는 아이들이 자라난다.

누군가에게 온전히 주의를 집중할 때 당신은 그를 중요하게 생각하며 그의 생각과 아이디어를 높이 평가한다는 메시지를 전하게 된다. 상대방이 말할 때 그의 눈을 응시하고, 질문을 하고, 공감을 표현하고, 당신의 관점을 나누면, 당신은 그 사람과의 관계를 발전시키는 데 있어서 가장 중요한 기술인 주의 집중 기술을 선보이는 셈이다.

주의 집중에는 많은 유익이 따른다. 수업에 집중하는 아이들은 보다 좋은 성적을 거둘 수 있고, 운동할 때 당면 과제에 집중하는 아이들은 운동을 제법 잘하게 된다. 거의 모든 분야에서 한 번에 하나씩 과제를 해결하는 아이들이 주의가 산만한 아이들보다 더 성공적인 인생을 살아갈 수 있다. 물론 아이들 중에는 주의력결핍장애를 앓고 있는 아이도 있으며, 이들은 전문적인 치료를 받아야 한다.

자녀에게 주의 집중 기술을 가르치려면 어떻게 해야 할까?

아이들이 아주 어릴 때부터 그들에게 온전히 주의를 집중하는 것에서 시작해야 한다. 하루 24시간 아이에게만 집중하라는 뜻이 아니다. 오랜 시간 아이에게 이야기를 해주고, 노래를 불러주고, 아이를 안아주라는 뜻이다. 이런 것들이 훗날 자녀가 주의를 집중할 수 있는 근본 바탕이 되어줄 것이다.

아이가 자라면 책을 읽어주는 것도 아이의 집중력 향상에 도움이 된다. 어떤 부모들은 자녀들이 아주 어릴 때 TV나 컴퓨터, 스마트폰을 보여주는 실수를 범한다. 그러나 TV나 컴퓨터, 스마트폰은 끊임없이 화면이 바뀌기 때문에 오히려 집중력을 떨어뜨린다. 미국 소아과학회에서는 2세 이하의 어린이에게 TV를 보여주지 말라고 권한다.[13]

아이들이 조금 더 자라면 TV를 볼 때 시간을 제한하고 시청한 내용을 모니터해야 한다. 지나친 TV 시청은 주의 집중이라는 사회적 기술을 기르는 데 도움이 안 된다. TV는 삶이 늘 재미있고 즉각적이고 즐거워야 한다고 가르치지만 현실은 그렇지 못하다. 결국 TV에 중독된 아이들은 주의 집중 기술을 배우지 못할 것이다. 반면, 놀이를 많이 할수록 아이들은 사람들과의 관계를 편안하게 받아들일 것이다. 놀이 시간은 아이들이 사회적 기술을 발달시킬 수 있는 실험실과 같다.

아이들과 대화를 나누는 것도 주의 집중 기술을 가르치는 데 도움이

13] 미국 소아과학회, "Policy Statement: Media Use by Children Younger than 2 Years," 미국 소아과학회 (2011), http://pediatrics.aappublications.org.

된다. 아이와 대화할 때는 아이의 눈을 바라보고 아이에게도 그렇게 하도록 가르치라. 그리고 부모 자신부터 신경을 분산시키지 않도록 주의하라. 자녀와 대화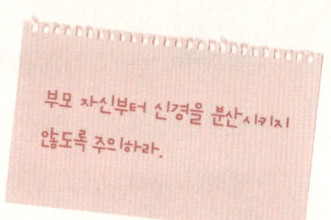
하면서 전화를 받으면 전화한 사람이 자녀보다 더 중요하다고 말하는 것이나 마찬가지다. 부모인 우리가 먼저 주의를 집중하는 연습을 해야 한다.

다섯 번째 사회적 기술은 **예의범절**이다. 최근에 나는 어느 젊은이의 사업장에서 강연을 하게 되었다. 그 젊은이가 공항으로 나를 데리러 와서 함께 호텔로 가게 되었는데, 그는 내 질문에 "네, 선생님." 혹은 "아니요, 선생님."이라고 매우 깍듯하게 대답했다. 나는 그가 제대한 지 얼마 안 되어 그런가보다 생각했다. 하지만 그게 아니었다.

그날 저녁 모임에서 그가 한 여성과 대화하는 것을 들었는데, 그때도 "네, 여사님." 혹은 "아니요, 여사님."이라고 대답을 했다. 그는 남자들에게는 '선생님'이라 부르고 여자들에게는 '여사님'이라고 부르도록 가르치는 가정에서 자란 게 분명했다.

각각의 문화와 하위문화에는 구성원들 간에 지켜야 하는 예의범절이 있다. 그리고 이 예의범절은 대개 가정에서 가르치고 배운다.

다음은 내가 미국 남부의 중산층 가정에서 성장하면서 배운 예의범절의 일부다.

- 누군가에게서 칭찬을 듣거나 선물을 받으면 "감사합니다."라고 말한다.
- 음식을 입에 가득 넣은 채 말하지 않는다.
- 형이나 누나, 동생 등 다른 형제의 장난감을 가지고 놀 때는 미리 허락을 받는다.
- 닭고기의 가장 큰 조각은 먹지 않는다.
- 음식이 나오면 무조건 안 먹겠다고 하지 않고 일단 맛을 본 뒤 정중히 사양한다.
- 다른 사람의 방에 들어갈 때는 반드시 노크를 한 뒤 "들어가도 돼요?"라고 물어본다.
- 놀러 나가기 전에 할 일을 먼저 끝낸다.
- 부모님이 일하시는 것을 보면 "도와드릴까요?"라고 묻는다.
- 자전거나 다른 놀이기구를 탈 때는 자기 차례를 기다린다.
- 친척이 방문했을 때에는 현관에 나와 포옹으로 맞이한다.
- 친구와 밖에서 놀고 싶을 때는 친구네 집 문을 두드린 뒤 친구 어머니께 "○○와 밖에 나가서 놀아도 돼요?"라고 물어본다. 어머니가 "지금은 안 된다"고 하시면 "네, 알겠어요. 감사합니다."라고 인사한 뒤 집으로 돌아온다.
- 부모님과 누나나 형(언니나 오빠)에게 소리 지르지 않는다.
- 다른 사람의 말허리를 자르지 않는다.
- 실내에서는 모자를 벗는다.
- 다른 사람과 대화할 때는 그 사람의 눈을 보고 말한다.

- 식사를 하다가 소금이 필요하면 "소금 좀 전달해주세요."라고 말한다.
- 식사를 마치고 일어설 땐 "먼저 일어나도 돼요?"라고 양해를 구한다.[14]

이 모든 예의범절은 가족과 이웃을 존중하고 배려하기 위한 것이다. 예로 든 것이 모든 나라와 사회에 해당되는 건 아니겠지만 대부분의 사람들이 어렸을 때 부모님께로부터 배웠을 법한 일반적인 것들이다. 물론 이 규칙을 그대로 답습할 필요는 없다. 당신이 자녀들에게 가르칠 예의범절의 리스트를 직접 만들어보라.

많은 교사들이 학교에서 겪는 가장 큰 문제가 존경심의 결여라고 입을 모은다. 학생들은 점점 더 교사를 존경하지 않고 또래 학생들을 존중하지 않는다. 이는 종종 교실의 무질서와 혼란으로 이어지고 있다.

자녀에게 다른 사람을 존중하도록 가르치는 기본적인 방법은 예의범절을 가르치는 것이다. 아이들은 해야 하는 일과 하지 말아야 하는 일이 있다는 것을 배워야 한다. 아이들이 부모와 형제를 존중하게 되면 교사와 다른 어른들도 더욱 존중하게 될 것이다. 부모에게 소리를 지르는 십대들은 언젠가 아내에게도 소리를 지르게 될 것이다.

배우자와 함께 각각 어린 시절에 배운 예의범절 리스트를 만들어보라. 리스트를 보며 그중 어떤 것을 자녀에게 가르칠지 결정하라. 당신이 예의범절에 그다지 신경을 쓰지 않는 가정에서 자랐다면 다른 가

---

14) Gary Chapman, *Love as a Way of Life* (Colorado Springs: WaterBrook Press, 2008), 103p.

정에서는 자녀에게 어떤 예의범절을 가르치는지 살펴보라. 자녀에게 가르칠 예의범절 리스트를 만드는 것은 예의범절이라는 사회적 기술의 중요성을 스스로에게 일깨워줄 좋은 방법 중 하나다.

리스트를 만든 후에는 당신 부부부터 서로에게 예의를 지키도록 노력하라. 당신과 배우자는 대화할 때 서로의 관점을 이해하려고 애쓰는가? 요구가 아닌 요청을 하는가? 갈등이 생기면 언쟁에서 이기기보다 해결책을 찾는 데 더 초점을 맞추는가? 상대방에게 달라질 것을 요청하기 전에 그의 장점 세 가지를 말하는가? 사과를 듣고 나면 상대방을 용서하고 그의 잘못을 잊어버리는가? 당신이 보이는 본은 자녀들의 예절 교육에 대단히 중요하다.

> 아이들은 해야 하는 일과 하지 말아야 하는 일이 있다는 것을 배워야 한다.

여섯 번째 사회적 기술은 **분노를 다스리는 것**이다. 모든 어른이 그런 것처럼 모든 아이도 분노를 경험한다. 문제는 분노 자체가 아니라 분노를 다루는 방식이다. 아이들이 건강한 방식으로 분노에 반응하는 법을 배우지 못하면 훗날 사람들과의 관계에서 갈등을 겪게 될 것이다. 불행히도 많은 부모들이 어렸을 때 이 사회적 기술을 배우지 못했고, 성인이 된 후에도 분노를 조절하는 데 애를 먹고 있다.

분노에는 정상적인 분노와 왜곡된 분노 두 종류가 있다. 정상적인 분노는 우리가 부당한 대우를 받았을 때의 정서 반응이고, 왜곡된 분노는 원하는 것을 얻지 못했을 때의 정서 반응이다. 아이들의 분노는 대부분 왜곡된 분노다. 두 살쯤 되면 아이들은 떼를 쓰기 시작하는데, 그 이유는 대개 사탕이나 원하는 장난감을 얻지 못했기 때문이다. 그렇게 종종 가게에서 떼를 쓰는 바람에 부모들이 당황할 때가 많다. 그러면 부모들은 아이를 진정시키기 위해 아이가 원하는 것을 들어준다. 사탕이나 장난감을 건네며 "자, 여기 있다. 그러니까 이제 그만 울어."라고 말이다. 하지만 그런 행동은 아이에게 떼를 쓰면 원하는 것을 얻을 수 있다고 가르치는 것이나 마찬가지다. 이러한 패턴이 반복되면 아이는 반항하는 십대로 자랄 것이고, 부모는 아이를 통제하지 못하게 될 것이다.

그럴 때 부모는 어떻게 해야 할까? 아이가 떼쓰는 것을 받아줘서는 안 된다. 가게에서 그런 상황이 발생했을 경우 아이를 차로 데려와서 울음을 그칠 때까지 기다리라. 그리고 아이에게 그런 방식으로는 사탕을 얻을 수 없을 거라고, 아무리 울고 떼를 써도 사탕을 사주지 않을 거라고 말한 뒤 다시 아이를 데리고 가게로 돌아와 쇼핑을 마치라. 집에서 그런 상황이 벌어졌을 경우에는 울고 소리 지르려면 당신 앞에서 하지 말고 자기 방에 들어가서 하라고 말하라. 떼를 쓴다고 원하는 것을 들어주면 안 된다. 그래야 아이는 곧 요구가 아닌 요청하는 법을 배우게 될 것이고, 안 된다고 하는 부모의 권위를 존중하게 될 것이다. 물론 이런 경우 애정을 가지고 차분하게 대응해야 한다.

떼를 쓰는 시기가 지나고 아이가 말귀를 알아들을 만큼 자라면 아이에게 긍정적인 방식으로 화를 다스리는 법을 가르칠 수 있을 것이다.

우리는 우리를 화나게 한 상대방에게 소리를 지르거나 그를 밀치기보다 화가 난 이유에 대해 이야기해야 한다. 그러므로 아이가 화났을 땐 이렇게 말하라. "화가 나면 '엄마, 저 화났어요. 저랑 이야기할 수 있어요?'라고 말해. 엄마가 설거지를 하는 중이면 '그래, 설거지가 끝나는 대로 같이 이야기하자'고 말하겠지만, 특별히 바쁜 일이 없으면 '그래, 여기 앉아서 차분히 말해봐.'라고 할게. 자, 이제 말해봐. 왜 화가 난 거야?" 그런 다음 아이의 말에 귀를 기울이고 해결책을 찾기 위해 노력하라.

당신이 그들의 불평에 귀를 기울인다는 것을 알면 아이들은 고함을 지르는 대신 말을 하려 할 것이다. 이때 부모로서 당신이 해야 할 일은 아이들이 정상적인 분노와 왜곡된 분노를 구별할 수 있게 돕는 것이다. 당신이 부당한 대우로 아이를 화나게 했다면 8장에서 말한 것처럼 아이에게 사과해야 한다. 반면, 원하는 것을 얻지 못해서 화를 내고 있다면 아이를 위한 최선의 결정을 내린 뒤 그것에 대해 설명해주라. 부모인 당신이 아이를 위한 최선이 무엇인지를 잘 알고 있다는 사실을 기억하라. 물론 아이는 계속해서 떼를 쓰겠지만 적어도 당신이 왜 그러는지는 알 것이다.

아이들이 실망을 하면 좀처럼 울음을 그치지 않을 때가 있다. 사실 이런 경우에는 부모도 어찌할 도리가 없다. 성인인 우리도 원하는 것을 얻지 못해서 눈물 흘릴 때가 있지 않은가. 다만 우리는 막무가내로 고함을 지르거나 병을 내던지거나 하지 않을 뿐이다. 7장에서 말했듯 우리가 본을 보이는 것은 대단히 중요하다. 그러므로 만약 당신이 책임 있는 방식으로 분노를 다스리지 못한다면 분노를 다스리는 법에 대한 강연을 듣거나 책을 읽으라. 분노를 이해하고 분노를 해소하는 법에 대해 좀 더 자세히 알고 싶다면 내가 쓴 『분노: 강렬한 감정 길들이기』(Anger: Taming a Powerful Emotion)[15]를 참고하라.

좋은 소식은 무언가를 배우기에 너무 늦은 나이는 없다는 것이다. 사실 아이들에게 화 다스리는 법을 가르치려면 우리 자신부터 그것을 배워야 한다.

그 밖에도 아이들이 배워야 할 대단히 중요한 사회적 기술로 사과하는 법과 사랑을 주고받는 법이 있다. 이 두 가지는 앞에서 이미 자세히 살펴보았으므로 더 이상 다루지 않을 것이다. 다만 그것이 대단히 중요하다는 것만은 기억해두기 바란다.

우리가 부모가 되기 전에 이 사회적 기술들에 대해 알았다면 얼마나 좋았을까.

고백하건대 나는 분노를 다스리는 법을 알지 못한 채 부모가 되었다. 어떤 부모들보다 조금 나았을지 모르지만 나 역시 화를 다스리지 못해 애를 먹을 때가 종종 있었다. 당신이 이 사회적 기술들을 보다 잘 발달시킬수록 자녀에게도 효과적으로 가르칠 수 있을 것이다.

15] Gary Chapman, *Anger: Taming a Powerful Emotion* (Chicago: Northfield Publishing, 2015).

나눔을 위한 질문

1. 당신은 오늘 어떤 감정을 느꼈으며, 그 이유는 무엇인가? 당신 자신의 감정에 대해 아는 것이 자녀에게 공감 능력을 가르치기 위한 첫걸음이다.

2. 배우자에게도 같은 질문을 해보라. 서로의 감정 상태에 대해 대화할 수 있는 기회가 될 것이다.

3. 당신은 오늘 누군가에게 친절한 말이나 행동을 했는가? 배우자에게도 같은 질문을 해보라.

4. 매일 누군가에게 친절한 말이나 행동을 하나씩 하기로 결심하라. 먼저 배우자를 대상으로 실천해보면 좋을 것이다.

5. 감사한 일 10가지를 종이에 쓴 뒤 이것을 배우자와 나누라. 이 리스트에 한 주 동안 날마다 감사한 일 하나씩을 덧붙인 뒤 배우자와 함께 이야기하라.

6. 배우자가 말할 때 당신은 그의 말에 온전히 집중하는가? 이번 주 안에 하루만 시간을 내서 TV와 컴퓨터, 휴대폰을 끄고 대화의 시간을 가지라. 서로 마주보고 앉아 각자 하루 동안 경험한 일 세 가지와 이에 대한 느낌을 나누라. 당신 자신이 온전히 집중하는 법을 배우면 자녀에게도 집중하는 법을 가르칠 수 있을 것이다.

7. 배우자와 함께 각각 어렸을 때 교육받은 예의범절 리스트를 만들라. 두 사람의 리스트를 비교해보고 그중 어떤 예의범절을 자녀에게 가르칠지 결정하라. 그 밖에 또 어떤 것을 가르치고 싶은가?

8. 당신은 분노를 어떤 식으로 다스리는가? 분노를 다스리지 못해 힘들 때가 있다면 배우자와 함께 이 주제에 관한 책을 읽고 토론하라. 제대로 관리되지 못한 분노는 부부 관계와 가족 관계에 해로운 영향을 미친다.

10.

교육은 부모의 몫이다

나는 첫아이가 태어나기 전에 교육학 석사 과정을 마칠 정도로 교육에 관심이 많았다. 우리 아이들이 좋은 교육을 받기 원했고, 대학에 가는 것도 당연하게 여겼다. 그러나 자녀들을 교육할 때 내가 어떤 역할을 해야 하는지에 대해서는 별로 생각하지 않았다. 그것은 학교 선생님들의 역할이라고 여겼기 때문이다. 누군가 내게 자녀교육에 어떤 계획을 가지고 있느냐고 물었다면 나는 "아이들을 공립학교에 보낼 생각입니다. 우리 부모님도 그렇게 하셨는데 괜찮았거든요."라고 대답했을 것이다.

　나는 아이들이 초등학교에 입학하기 전에 이미 교육의 상당 부분이 이루어지는 현실을 고려하지 못했고, 내가 어릴 때와는 문화가 많이 달라졌다는 사실도 생각 못했다(공립학교를 반대하는 것은 아니다. 이에 대해서는 나중에 다시 이야기하겠다). 결국 나보다는 캐롤린이 아이들 교육에 신경을 많이 썼고, 덕분에 나도 교육에 관한 전반적인 상황을 알게 되었다.

자녀의 첫 번째 교사는 당신이다

자녀가 아주 어렸을 때 가르치는 것부터 시작하자. 교육은 가르치고 배우는 과정이다. 즉 누군가는 가르치고 누군가는 배우며, 종종 쌍방향으로 이루어지기도 한다. 내 경우에는 확실히 그랬다. 자녀들을 가르칠 때 나는 끊임없이 아이들에 관해 배우고, 또 그들로부터 배웠다. 초기 교육의 대부분은 일상생활 속에서 이루어진다. 우리가 미처 '교육'에 대해 생각하지 않을 때도 일상의 흐름 속에서 아이들에게 반응하는 방식을 통해 그들을 교육한다. 섀넌의 이야기를 통해서도 그것을 알 수 있다.

"카슨이 동생인 프레슬리를 미는 바람에 프레슬리가 콘크리트 바닥에 넘어져 무릎을 다치는 일이 있었어요. 이 일에 대한 저의 첫 번째 반응은 우는 프레슬리를 달래고 무릎에 난 상처를 치료해주는 것이었지요. 상처를 소독하는 동안 저는 카슨의 잘못된 행동에 어떻게 반응해야 할지 생각했어요. 카슨은 제 옆에서 프레슬리의 상처를 치료하는 것을 보고 있었고, 잘못을 뉘우치는 기색이 역력했어요. 몇 분 뒤 제가 카슨에게 그의 잘못으로 프레슬리가 다쳤음을 상기시키자 카슨은 '프레슬리가 다칠 줄 몰랐어요.'라고 말했어요. 그래서 카슨을 끌어안고 '이제 알았으니까 다시는 그러지 마.'라고 말해주었어요. 저는 카슨이 사과할 수 있도록 격려해주었고, 카슨은 프레슬리에게 사과했어요. 그렇게 사건은 일단락되었고, 그 결과는 이렇답니다. 프레슬리는 무릎에 반창고를 붙였고 신체적, 정신적 고통 때문에 엄마의 보살핌을 받았어요. 카슨은 교훈을 얻고 엄마가 자기를 사랑한다는 것과 잘못한 행동을 그냥 넘어가지 않는다는 것을 알았어요."

이 사건을 통해 샤넌은 프레슬리에게 자신을 다치게 한 사람에게 어떻게 반응해야 하는지 가르쳤고, 카슨에게는 콘크리트 바닥에 넘어지면 다친다는 것과 다른 사람을 미는 것은 잘못된 행동이라는 것, 그리고 잘못을 했을 때는 사과해야 한다는 것을 가르쳤다. 샤넌은 또한 아이들이 잘못했을 때에도 부모는 그들을 사랑한다는 것을 보여주었다. 그녀는 자신이 아이들을 교육시키는 중이라고 생각하지 않았지만 부모는 자녀와 상호작용하는 매 순간 교육자가 된다.

나는 일상적인 삶의 흐름 속에서 자녀들을 가르칠 많은 기회뿐 아니라 의식적으로 자녀들이 배울 수 있는 기회를 만들어주라고 말하고 싶다. 가장 일찍, 그리고 가장 쉽게 배울 수 있는 것 중 하나가 '읽기'다. 이것은 아이가 당신 옆에 앉거나 무릎에 앉을 만큼 자라면 곧바로 시작할 수 있다. 아이들은 단어의 뜻을 모르는 상태에서도 그림을 볼 수 있고, 페이지를 넘길 수 있으며, 책이 삶의 일부라는 것을 이해할 수 있다. 아이들이 말을 하기 시작하면 소 그림을 가리키며 "소"라고 말해보라. 아이에게 단어를 가르치는 것이다. 그러면 아이는 "소"라는 소리를 소 그림과 연관 짓게 된다. 그러나 아직 '소'라는 글자와 연관 짓지는 못할 것이다. 소리와 글자를 연관 짓는 것은 조금 더 나중에 이루어진다. 그렇더라도 당신은 아이의 어휘력을 키워주는 중이

> 부모는 자녀와 상호작용하는 매 순간 교육자가 된다.

고, 이는 초기 교육의 큰 부분을 차지한다.

만 3세쯤 되면 많은 아이가 글을 읽기 시작한다. 실제로 책을 줄줄 읽는다는 것이 아니라 자신이 아는 단어를 글자와 연관 지을 수 있다는 뜻이다. 우리 부부는 낱말카드를 사용하여 아이들에게 읽기를 가르쳤다. 그것은 캐롤린의 아이디어였는데, 실제로 해보니 매우 재미있었다. 나는 '발가락'이라고 적힌 카드를 보여준 뒤 "발가락"이라고 말하면서 아이의 발가락을 가리키거나 만졌다. 아이는 이미 '발가락'이라는 단어를 알고 있지만 그 순간 '발가락'이라는 글자를 "발가락"이라는 소리와 실제 발가락과 연관 지으며 조금씩 읽기를 배워갔다. 기술 문명이 발달한 오늘날에는 포털 사이트에서 '읽기 지도'를 검색하면 읽기를 가르치는 데 도움이 되는 온갖 전자제품을 찾을 수 있다. 물론 나는 여전히 낱말카드를 더 선호하지만 말이다.

어린이집 교육

앞에서도 말했듯이 우리 부부는 아기가 태어나면 아내가 직장을 그만두고 전업주부가 되기로 결정했다. 그래서 우리 아이들은 유치원에 들어가기 전까지 모든 교육이 집에서 이루어졌다. 그러나 엄마와 아빠가 직장에 다니는 가정도 많고, 한 부모 가정에서 자라는 아이들도 있으며, 지역에 따라서는 어린이집에 다니는 것이 일반적인 곳도 있다. 이런 경우에는 아이를 어린이집에 보내는 게 필수적이다.

샤넌과 스티븐은 다행히 양쪽 집안 부모님이 모두 가까운 곳에 사셔서 아이들을 맡길 수 있었다. 부모님이 근처에 사시고, 또 기꺼이 아이들을 돌봐주신다면 부모님께 아이들을 맡기는 것도 좋은 방법이다. 조부모보다 손주를 더 잘 돌봐줄 사람이 어디 있겠는가! 하지만 샤넌과 스티븐은 아이들이 한두 살쯤 되었을 때 일주일에 2~3일은 오전에 아이들을 어린이집에 보내서 외할머니의 수고를 덜어드렸다.

감사하게도 샤넌은 어린이집을 고를 때 단순히 아이를 돌보기만 하는 것이 아니라 제대로 된 교육 프로그램을 운영하고, 또 교사들이 친절하고 긍정적이면서 아이들의 안전에 신경 쓰는 곳을 찾을 수 있었다. 그것을 본 나는 부모들에게 어린이집을 선택할 때는 미리 '숙제'를 하라고 권한다. 먼저 인터넷으로 집 근처 어린이집에 대한 정보를 알아보라. 거기에 그치지 말고 어린 자녀를 둔 다른 부모들의 이야기도 들어보고, 어린이집을 직접 방문하여 상담도 받고, 교실도 둘러보라. 물론 여기에는 적지 않은 시간이 소요된다. 그러나 그렇게 해서 아이가 따뜻한 보살핌을 받을 수 있는 안전하고 편안한 교육 환경을 찾을 수 있다면 이 모든 노력이 보상을 받게 된다.

그렇게 어린이집을 선택하고 등록을 마친 뒤에는 지속적으로 어린이집 활동에 관심을 가지라. 아이가 그곳에서 잘 지내는지 살펴보고, 아이를 돌봐주는 사람들을 돕고 지지하라. 일반적으로 어린이집에서는 부모의 참여를 환영한다. 새년도 부모님이 아이를 돌봐주실 경우 아이에게 필요한 물품이 다 떨어지지는 않았는지 정기적으로 확인해 보라고 말한다. 부모님이 아이를 돌봐주시는 것을 당연하게 여기지 말고 당신과 아이에게 더 없이 귀한 도움을 주시는 분들께 종종 감사의 마음을 전하라.

잠시 유아 교육에 관한 지역 교회의 역할에 대해 생각해보고자 한다. 모든 교회의 유아 교육 프로그램이 동일하지는 않다. 즉 훌륭한 유아 교육 프로그램이 있는 교회도 있지만 그렇지 않은 교회도 있다. 하지만 많은 교회들이 주일 아이돌봄 서비스 같은 보육 프로그램을 운영한다. 대학원에 진학하게 되어 새로운 도시로 이사했을 때 캐롤린과 나는 유아 교육 프로그램을 기준으로 교회를 선택했다(지루한 설교는 참을 수 있지만 훌륭한 유아 교육 프로그램이 없는 교회는 다니지 않을 생각이었다). 그러므로 당신이 현재 교회에 다니지 않더라도 자녀교육을 도와줄 이 귀중한 자원을 처음부터 고려 대상에서 제외하지는 말라.

학교 선택

아이들은 금방 자라서 걸음마를 하고, 어린이집과 유치원에 들어갈 나이가 된다. 우리 아이들이 처음으로 유치원에 가던 때를 기억한다. 우리는 시내에서 가장 좋은 유치원을 찾으려고 애썼다. 유치원 등록을 마친 뒤에는 학용품과 책가방을 사고 사진을 찍으며 아이들에게 유치원 생활이 재미있을 거라고 말해주었다. 아이들은 실망하지 않았고, 우리도 그랬다(우리 '아기'가 더 이상 아기가 아니라 유치원생이 되었다는 사실에 눈물이 나기는 했지만 말이다). 얼마나 많은 유치원에서 지금도 읽기를 가르치는지 잘 모르지만 우리는 그 프로그램이 무척 마음에 들었다.

요즘은 자녀를 유치원이나 초등학교에 보낼 때 여러 학교 중에서 고를 수 있지만, 내가 어렸을 때에는 거의 모든 아이들이 공립학교에 갔다. 그것 말고는 대안이 거의 없었기 때문이다.

하지만 요즘은 다르다. 공립학교만 해도 전통적인 공립학교와 특성화학교, 혁신학교, 그리고 사립학교가 있다. 사립학교에는 종교적인 성격의 학교도 있고 세속적인 학교도 있다. 홈스쿨도 점차 주목을 받고 있으며, 조만간 또 다른 유형의 학교가 등장할 것이다.

> 나는 지루한 설교는 참을 수 있지만 훌륭한 유아 교육 프로그램이 없는 교회는 다니지 않을 생각이었다.

핵심은 부모가 자녀의 교육에 대하여 중요한 결정을 내려야 한다는 것이다. 학교를 선택하는 데에는 시간과 노력과 많은 생각이 요구되지만 이것은 부모가 자녀를 위해 내리는 가장 중요한 결정 중 하나가 될 것이다.

다양한 유형의 학교에 대해 알아보려면 인터넷을 활용하라. 인터넷에 접속하면 교육부와 미국 교육협회(National Education Association), 미국 사립교육협의회(Council for American Private Education), 국립 가정교육연구

소(National Home Education Research Institute), 국제기독교학교연맹(Association of Christian Schools International) 등과 같은 기관의 웹사이트를 방문할 수 있다(한국 상황에서는 각 시도별 교육청 홈페이지를 참고할 수 있다). 그러나 집 근처 학교에 대한 보다 실제적인 정보를 얻으려면 초등학생 자녀를 둔 이웃 부모에게 물어보는 게 좋다. 그들은 경험을 통해 알게 된 것들을 이야기해줄 수 있을 것이다. 앞서 언급한 다양한 유형의 학교에 대해 다음과 같이 간략하게 정리해보았다.

전통적인 공립학교

공립학교는 학교에 따라 차이가 많이 난다. 지역과 지도자에 따라 대단히 훌륭한 학교에서부터 무질서하고 혼란스러운 학교에 이르기까지 다양한 학교가 존재한다. 인근 학교의 교사나 당신이 고려 중인 학교의 학부모에게 물어보면 정보를 얻을 수 있을 것이다. 공립학교는 교육부나 교육청에서 제시하는 교과과정을 따른다.

차터스쿨(Charter school, 한국의 일부 대안학교 및 혁신학교와 비슷하다)

차터스쿨은 학교 운영에 있어서 보다 많은 자유를 누리는 대신 결과에 대해서도 보다 많은 책임이 따르는, 독자적으로 운영되는 공립학교다. 학교 설립 인가서인 '차터'(charter)는 학교의 사명과 프로그램, 대상 학생, 교육 목표, 평가 방법 등이 명시되어 있는 일종의 계약서다. 추첨을 통해 학생을 뽑으며, 대개 학부모의 참여가 활발하다.

마그넷스쿨(Magnet school, 한국의 특성화학교 및 특목고와 비슷하다)

마그넷스쿨은 과학, 기술, 엔지니어링, 수학(STEM)에 특화된 공립학교다. 다른 과목도 가르치지만 가장 기본이 되는 과목은 이 네 가지다. 마그넷스쿨은 실습 위주의 수업이 많고, 주로 질문이나 프로젝트 수행을 통해 학습이 이루어진다. 모든 교과에 교육부나 교육청에서 제시한 교과과정이나 미국 연방 기준 '공통 교과과정'을 사용하지만, 전체적인 학교 교육과정의 틀 안에서 수업이 이루어진다.

사립학교

미국사립학교협의회에 따르면 미국에는 3만 861개의 사립학교가 있으며, 학생 수는 유치원생부터 고등학생에 이르기까지 총 5,300만 명이다. 이는 전체 학교의 24퍼센트를 차지하고, 전체 학생의 10퍼센트를 사립학교가 수용하고 있다. 학생 대부분(80퍼센트)이 종교적인 성격의 학교에 다니며 대체로 규모가 작아서 학생 수가 300명이 채 안 되는 곳이 86퍼센트다.

학부모들은 양질의 교육과 안전하고 질서 잡힌 환경, 윤리적 가치, 자상한 교사 등 다양한 이유로 사립학교를 선택한다. 기독교학교를 선택하는 부모들 역시 기독교적 세계관을 바탕으로 한 교육을 선호해서 그곳을 선택한다. 사립학교를 선택할 때는 공립학교에 비해 훨씬 비싼 학비를 고려해야 한다.

홈스쿨

홈스쿨링 운동은 1970년대에 공립학교와 사립학교에 대한 대안으로 시작되었다. 홈스쿨을 선택하는 가정은 다른 유형의 학교가 만족스럽지 않거나 신앙 및 교육 철학의 차이 때문에, 혹은 아이들이 전통적인 학교 구조 안에서는 제대로 된 교육을 받을 수 없을 것 같아서 선택한다.

가정교육연구소에 따르면 미국에서 현재 200만 명 이상의 아이들이 홈스쿨링을 하고 있으며, 그 수가 매년 11-15퍼센트씩 증가하고 있다. 홈스쿨링은 미국 50개 주 전역에서 법적으로 인정된다.

> 내 생각에는 초등학교 6년의 교육이 이후에 이루어지는 모든 교육의 기초가 되는 것 같다.

대부분의 부모들은 자녀에게 가장 적합한 학교를 찾아주고 싶을 것이다. 그러나 이것은 시간이 오래 걸리는 작업이다. 때로는 다양한 요소에 의해 선택의 폭이 제한되기도 한다. 예컨대 특별한 보살핌이 필요한 아이들이 다닐 수 있는 학교는 많지 않다. 또한 부담스러운 학비 때문에 처음부터 고려의 대상이 되지 못하는 학교도 있을 것이다. 그 밖에도 통학 거리나 부모의 철학과 세계관, 부모의 학력과 경험 등도 학교 선택에 영향을 미친다.

우리 아이에게 가장 적합한 학교는 어디일까? 모든 부모가 이 질문에 대한 답을 찾아야 한다.

어떻게 결정할 것인가?

샤년도 나도 당신을 대신하여 이 질문에 답하기 어렵다. 다만 우리는 당신이 알아보아야 할 몇 가지를 제시하려 한다. 그 하나는 학교의 교과과정이다. 공립학교에서는 대체로 통일된 교과과정을 사용하지만, 지역에 따라 교과과정이 다를 수 있다. 사립학교는 교과과정을 정하는 데 있어서 공립학교보다 많은 자유를 누린다.

교과과정이 왜 중요한가? 교과과정에는 수업의 주제와 전개 방식을 비롯하여 학생들이 배워야 할 내용이 제시되어 있기 때문이다. 교과과정은 공교육 분야에서 많은 갈등을 빚고 있는 영역이다. 예컨대 역사 과목의 경우 일각에서 교과서를 자신들의 시각에 맞게 다시 쓰고자 하는 움직임이 있다. 또 다른 갈등 영역은 성교육과 관련한 것이다. 어떤 경우에는 교과과정이 보다 사회적인 면에 치우쳐서 문화와 관련된 내용을 가르치느라 읽기와 쓰기, 수학 같은 기초 과목을 소홀히 하기도 한다. 부모들은 이런 것을 자세히 알아보아야 한다. 내 생각에는 초등학교 6년의 교육이 이후에 이루어지는 모든 교육의 기초가 되는 것 같다. 아이들이 읽기와 쓰기와 수학을 잘하지 못하면 중·고등학교에서 수업을 따라가기 힘들 것이고, 대학 진학에도 실패할 확률이 높다.

부모는 자녀가 배울 교과과정이 어떤 철학을 바탕으로 한 것이고, 그 철학이 다양한 교과목의 교과과정 안에서 어떻게 구현될 것인지,

그리고 교과과정의 목표와 결과가 무엇인지에 대해서도 알아보아야 한다. 기독교인 부모라면 교과과정에서 종교를 어떻게 다루고 있는지 아는 것도 중요하다. 교과과정이 종교를 도외시하는가? 종교에 대한 균형 잡힌 시각을 제시하는가? 아니면 명백하게 반기독교적인가? 교과과정에 따라 종교에 대한 다양한 접근방식이 존재한다.

차터스쿨의 경우 학부모가 학교 측과 협력하여 교육 내용을 결정하는 데 많은 역할을 할 수 있다는 장점이 있다. 같은 이유에서 마그넷스쿨을 선택하는 부모도 있는데, 특히 자녀가 특정한 분야에 소질이 있을 때 그렇게 하는 경우가 많다.

캐롤린과 나는 우리 아이들을 유치원에서부터 중학교까지 사립 기독교학교에 보내고 고등학교는 대입 예비학교에 보냈다. 그리고 아이들을 지도해주는 교사들과 학교 지도자들에게 늘 감사하는 마음을 가졌다. 우리 둘 다 자녀들이 기독교 세계관에 기초한 교육을 받기 원했으며, 학교를 선택할 때 아이들에게 다양한 유형의 학교에 대해 설명해주고, 우리가 왜 기독교학교를 선택했는지 말해주었다. 결국 아이들 모두 대학교와 대학원에 진학했고, 지금은 굳건한 기독교 신앙을 바탕으로 다른 사람들을 돕는 일에 헌신하고 있다.

샤넌과 스티븐은 둘 다 공립학교를 졸업했지만 자녀들은 사립학교에 보냈다. 샤넌은 이렇게 말한다. "이건 우리의 개인적인 문제예요. 우리는 다른 사람들이 어떤 학교를 택하든 그들을 판단하지 않아요. 그러나 우리 아이들에게 가장 적합한 학교가 어떤 학교인지는 잘 알고 있어요. 우리는 아이들이 기독교적인 환경에서 공부하기를 원해요. 종교 때문에 놀림을 당하거나 괴롭힘을 당하는 일 없이 말이에요. 그런데 공립학교에서는 그러기가 힘들 것 같았어요."

나는 샤넌과 스티븐의 말에 전적으로 동의한다. 자녀들을 어떤 학교에 보낼지는 당신의 가치관과 철학에 따라 당신 자신이 결정할 문제다.

샤넌과 나는 일단 학교가 결정되면 부모가 학부모회나 학교운영위원회, 교내 봉사활동 등 아이와 학교를 위한 활동에 참여할 것을 적극 추천한다. 그렇게 하면 자녀와 부모, 학교와 지역사회를 위해 교육적으로나 사회적으로 많은 바람직한 결과를 얻을 수 있을 것이다.

부모는 자녀가 학교에서 배우는 것들과 그것이 실생활에 어떻게 적용되는지에 대해 자녀와 대화를 나눠야 한다. 자녀의 숙제나 과제를 도와주다 보면 그런 기회가 생기고, 특히 아이가 초등학생일 경우에는 거의 매일 기회가 생긴다. 그렇게 자녀가 학교에서 배우는 것들에 대해 대화하다 보면 좀 더 많은 것을 가르칠 수 있다.

또한 부모는 준비물이나 수업 내용에 관한 이야기를 나눔으로써 아이가 잘 모르던 부분을 알려주고 자녀의 학습에 긍정적인 영향을 미칠 수 있다. 시중에는 책과 그림, 장난감, 게임, 비디오 등과 같이 부모가 집에서 아이들을 가르치는 데 도움이 될 다양한 보조 자료가 나와 있다. 그런 보조 자료들을 활용하고 아이들과 활발한 토론을 벌임으로써 자녀들을 보다 잘 가르칠 수 있을 것이다.

앞에서도 언급한 것처럼 해마다 점점 더 많은 부모들이 홈스쿨을 선택하는데, 이는 교과과정과도 관련이 있다. 홈스쿨을 선택하는 부모는 아이들의 생활환경과 학습 일정을 보다 자유롭게 정하고 싶어 한다. 샤넌과 나는 자녀를 집에서 가르치는 친구들을 많이 알고 있으며, 자녀교육을 위한 그들의 수고에 감탄하지 않을 수 없다. 그들은 자녀들에게 그들이 생각하는 최상의 교육을 베풀기 위해 자기 삶의 많은 부분을 투자한다. 그렇게 홈스쿨링을 하는 전국의 많은 아이들에게서 나는 깊은 인상을 받았다. 그들은 대개 토론에 활발하게 참여하였으며 뛰어난 사회성을 지니고 있었다.

이처럼 홈스쿨링에는 높은 수준의 헌신이 요구된다. 대개는 엄마나 아빠 중 한 사람이 집에서 아이들을 가르치고 다른 한 사람은 퇴근하고 돌아와서 자녀교육에 적극 참여한다.

홈스쿨링의 이점 중 하나는 배운 내용과 관련이 있는 현장 체험학습이 가능하다는 것이다. 게다가 학습 일정도 자유롭게 조정할 수 있다. 때문에 (특정 분야에 대한 전문 지식을 가지고 있는) 홈스쿨링을 하는 다른 부모들과의 협력이 가능하다. 이런 기회와 온라인 수업을 통해 아이들은 부모 이외의 다른 교사들에게도 수업을 받을 수 있다. 홈스쿨링을 하는 부모 중 일부는 자신들이 잘 모르는 분야의 경우 사립학교나 지역 대학교에 요청하여 아이들이 학교 수업을 듣게 하기도 하며, 이런 일은 초등학교보다 주로 중학교나 고등학교 수준에서 이루어진다.

혹 당신이 아기가 태어나기를 기다리고 있거나 갓난아기를 키우고 있는 중이라면 장차 아이의 학교를 정할 때 겪어야 할 이 모든 일을 너무 버겁게 느끼거나 걱정하지 않기 바란다. 당신에게는 충분히 알아보고 결정할 5년의 시간이 있다. 그 사이에도 아이들은 매일 매 상황에서 무언가를 배운다. 그러므로 당신이 아이의 주된 선생님이라는 생각으로 눈을 크게 뜨고 지켜보라. 어떤 면에서는 "아이를 키우는 데 마을 전체가 필요"하겠지만, 어쨌거나 '마을' 안에서 아이를 위한 최상의 보육 시설과 교육의 기회를 발견하고 아이의 교육 과정을 모니터 하는 궁극적인 역할은 부모의 몫이다.

아이를 돌봐줄 이웃이 있는 것은 감사한 일이다. 하지만 누구도 부모와 같은 사랑으로 아이를 돌볼 수 없을 것이다. 그러므로 다른 사람들의 도움을 받되 자녀의 삶에서 당신만큼 중요한 사람은 없다는 것을 늘 명심하라.

나눔을 위한 질문

1. 아이를 키우는 처음 4-5년은 당신이나 배우자, 혹은 그 외에 아이를 돌봐주는 사람이 아이의 교육에 지대한 영향을 미칠 것이다. 이 단계에서 교육적으로 가장 중요한 것이 무엇이라고 생각하는가?

2. 자녀 양육 초기 단계에 아이를 누가 돌볼지에 대해 배우자와 상의해 보았는가? 엄마나 아빠 중 한 사람이 집에 있으면서 아이를 돌볼 것인가, 아니면 두 사람 다 직장에 다닐 것인가? 혹은 둘 중 하나가 시간제 근무를 하면서 아이와 더 많은 시간을 보낼 것인가?

3. 두 사람 다 전일제로 근무할 계획이라면 아이를 누구에게 맡길 것인가?

4. 당신에게는 아이를 유치원에 보낼 때까지 5년이라는 시간이 있다. 하지만 지금 생각에 당신은 아이를 어느 유치원에 보내는 게 좋을 것 같은가?

5. 당신의 초등학교, 중학교, 고등학교 시절을 생각해보라. 그 당시의 가장 즐거운 기억과 별로 즐겁지 않았던 기억은 무엇인가? 학창시절의 기억을 배우자와 나누라. 그러한 기억들이 자녀교육에 대한 당신의 결정에 어떤 영향을 미칠 거라 생각하는가?

6. 우리 사회와 문화가 끊임없이 변화한다는 것을 기억하라. 즉 당신이 다녔던 것과 같은 유형의 학교가 자녀들에게도 좋은 선택이 되리라 생각하지 말라. 그리고 자녀를 어느 학교에 보낼지에 대해 배우자와 상의하라.

7. 아이가 초등학교에 입학할 때가 되면 시간을 들여 다양한 유형의 학교에 대해 자세히 알아보라. 시간을 투자한 만큼 좋은 결과를 얻을 수 있을 것이다.

11.

부부 관계는 저절로 좋아지지 않는다

언젠가 한 젊은 남자가 상담실을 찾아와 아내를 잃었다고 했다. 내가 부인이 곁을 떠났다는 뜻이냐고 묻자 그는 이렇게 대답했다.
　"그런 게 아니라 제 말은 아기가 아내의 삶의 중심이 되어버렸다는 뜻입니다. 그녀는 이제 아내로서의 삶은 없고 오직 엄마로만 살고 있는 것 같아요. 아기를 돌보는 게 힘들다는 건 알아요. 하지만 어떻게 하면 부부 관계에 활력을 불어넣을 수 있을까요?"
　수년간 나는 상담실에서 이와 비슷한 말을 무수히 들어왔다. 아내를 아기에게 빼앗긴 것 같다는 남편도 많았고, 남편을 일에 빼앗긴 것 같다는 아내도 많았다.
　어떤 아내는 이렇게 말했다. "남편은 아기를 돌봐주는 법이 없어요. 퇴근해서 집에 돌아오면 늘 다음 날 할 일을 준비하느라 컴퓨터에 매달려 있지요. 하지만 아기에게는 엄마뿐 아니라 아빠도 필요하다고 생각해요. 남편이 아기를 좀 돌봐주면 좋겠어요."

사실 아기가 태어나면 배우자에게 소홀해지기 쉽다.

1장에서 우리는 아기가 태어난 후 일상이 얼마나 달라지는지에 대해 이야기했다.

이 장에서는 아이를 키우는 동안 부부 관계에 활력을 불어넣어줄 아이디어들을 나누고자 한다. 당신은 분명 좋은 부모인 동시에 좋은 배우자가 될 수 있을 것이다.

이 모든 것은 아기가 태어나면 많은 게 달라진다는 것을 인식하는 데서부터 출발한다.

아기가 태어나면 이제까지 해왔던 대로 해서는 안 된다. 이제는 가족이 둘이 아니라 셋이 되었고, 그중 한 명이 나머지 두 사람의 많은 관심을 필요로 한다. 그 말은 곧 예전에 비해 당신의 '자유 시간'이 많이 줄어든다는 뜻이다.

그러나 두 사람을 위한 시간이 전혀 없다고는 생각하지 말라. 아기를 돌보는 동시에 서로를 돌보고 격려하며 사랑을 표현할 방법이 있다. 인류가 살아온 수천 년 동안 많은 부부가 그렇게 해왔다. 어떤 부부들은 세 명 이상의 자녀를 키우면서도 매우 친밀한 관계를 유지하고 있다.

그렇다면 샤넌과 내가 지난 수년간 수백 쌍의 부부를 상담하면서 알게 된 것들은 과연 무엇일까?

부부 관계에 활력을 불어넣으려면

첫 번째 단계는 '아기를 키우면서도 부부 관계에 활력을 불어넣을 방법을 찾기'로 결심하는 것이다. 남편과 아내는 의식적으로 이렇게 결심하고 이것에 대해 상의해야 한다. 부부 관계는 저절로 좋아지지 않는다. 서로의 결심을 이야기한 뒤 포옹과 키스로 이를 확인하라. 이제 두 사람은 굳은 의지를 가지고 같은 방향을 향해 나아가게 되었다. '뜻이 있는 곳에 길이 있다'는 속담을 기억하라.

자녀가 많을 경우에는 이따금씩 전에 했던 결심을 새롭게 해야 한다. 아이가 한 명 늘어날 때마다 해야 할 일의 양도 늘어나기 때문이다. 샤넌은 자신의 경험담을 들려주었다. "스티븐과 저는 아이가 셋이 된 몇 달 뒤 우리의 '결심'에 대해 다시 생각해보아야 했어요. 아이가 태어나기 전을 떠올려보니 그때는 우리 사이가 훨씬 더 가까웠다는 생각이 들더군요. 하지만 두 사람 다 하루 종일 일하고 돌아와 아이들을 돌보는 상황에서 서로를 위한 시간을 내는 게 너무 힘들었어요. 대화도 줄고 서로에 대한 애정도 줄었고, 때로는 무례하게 굴거나 심한 말도 했죠. 일 때문에 쌓인 피로를 서로에게 짜증 내는 것으로 푼 거예요. 우리는 뭔가 달라져야 한다고 느꼈어요. 그래서 서로의 생각을 솔직하게 이야기한 뒤 부부 관계를 위해 노력하기로 한 예전의 결심을 새롭게 했어요. 그것이 전환점이 되었답니다. 그때 이후로 생활양식을 달리하게 되었으니까요."

내가 쓴 다른 책을 읽어본 사람들은 아내와 내가 신혼 초에 갈등이 심했다는 것을 알 것이다. 우리가 힘든 상황 속에서도 결혼생활을 잘 해나가기 위해 노력할 수 있었던 것은 우리의 '결심' 때문이다. 지금 갈등을 겪는 부부에게 내가 희망을 갖는 것도 아마 그 때문일 것이다. 우리 부부가 그 모든 차이점에도 불구하고 한 팀으로서 서로 사랑하고 지지하는 관계를 만들어갈 수 있었다면 다른 사람들도 그렇게 할 수 있을 것이다. 나는 종종 우리 상담실을 찾아온 부부들에게 이렇게 말한다. "당신들에게 희망이 없다는 것을 알겠어요. 그래서 당신들에 대한 나의 희망을 믿어보려고요. 희망을 가지라는 말이 아니에요. 계속해서 배우고 태도와 행동에 변화를 가지기로 '결심'하라는 겁니다." 결심을 하면 원하는 결혼생활을 해나갈 수 있을 것이다.

아기가 태어났다고 해서 부부 사이의 문제가 저절로 해결되는 것은 아니다. 어떤 부부들은 아이가 태어나면 부부 사이가 좋아질 거라고 생각한다. 아기의 얼굴을 들여다보면 '우리'가 이 아이를 있게 했다는 벅찬 감동에 휩싸이기 때문이다.

그러나 아이의 탄생이 깨어진 관계를 회복시켜 주는 것은 아니다. 물론 '아이를 위해서라도 문제를 해결해야 한다'는 깨달음을 줄 수 있으며, 이는 많은 부부들이 도움을 찾아 나서는 동기가 되기도 한다. 그렇게 도움을 구할 때 그들은 도움을 얻을 것이다.

상담실을 찾아온 부부들은 종종 다음과 같은 변명을 늘어놓는다. "시간이 별로 없어요." "에너지가 부족해요." "돈이 부족해요." "내가 아내를 사랑한다는 것을 아내도 알아요." "전에도 시도해봤지만 시간 낭비일 뿐이에요." "우리는 정말 잘해나가고 있어요." "아내는 문제를 과장하는 습성이 있어요." 이런 말들은 관계 개선을 위해 노력하기로 '결심'하지 않은 것에 대한 변명이다. 이런 변명을 늘어놓을 때 당신은 스스로의 가장 강력한 적이 된다. '우리는 할 수 있고 또 해낼 것'이라고 생각하라. 노력은 결코 배신하지 않는다.

지금 당신이 어떤 상황에 처해 있든 이 장에 나오는 아이디어들이 당신의 부부 관계에 도움이 되기를 바란다. 부부 관계는 성장하거나 퇴보하거나 둘 중 하나다. 결코 제자리에 멈춰 서 있지 않는다. 나는 당신의 부부 관계가 계속해서 성장해나가기를 바란다. 당신은 지금 아이를 낳아 키우면서 책임감 있는 부모가 되려고 애쓰는 중이기 때문이다.

결혼생활의 필수 요소, 소통

소통은 말하고 듣는 것이다. 아주 간단하다. 우리 몸에 산소가 필요하듯 결혼생활에는 소통이 필요하다. 소통은 부부 관계에 활력을 불어넣는다. 아내가 오늘 무슨 일을 겪었으며 어떤 생각을 하고 어떤 기분이 들었는지 알면 아내를 더 잘 도울 수 있다. 그러나 아내가 말하지 않고 내가 듣지 않는 한 나는 아내의 내면에서 어떤 일이 일어나는

지 알 수 없다. 마찬가지로 내가 말하지 않고 아내가 듣지 않는 한 아내는 내가 무슨 생각을 하고 어떤 감정을 느끼는지 알지 못할 것이다.

이것이 내가 날마다 '나눔의 시간'을 가질 것을 권하는 이유다. 매일 서로의 경험과 생각과 감정을 나누는 데는 15분밖에 안 걸리지만 이 시간을 통해 적어도 상대방이 어떤 상태인지 확인할 수 있을 것이다. 나눔의 시간을 가진 뒤에는 서로에게 무엇을 도와주면 좋을지 물어보라. 부부 관계는 남편과 아내가 잠재력을 발휘할 수 있도록 서로 돕는 데 그 의의가 있다. 고대 히브리 속담에도 "두 사람이 한 사람보다 낫다"[16]는 말이 있지 않은가. 하지만 이 말은 우리가 서로 도우려 할 경우에만 맞는 말이다.

나는 모든 부부가 상대방을 도우려 한다고 생각할 만큼 순진하지 않다. 경험을 통해 그렇지 않다는 것을 알고 있기 때문이다. 내 말을 오해 없이 들어주기 바란다.

결혼 전에 나는 캐롤린을 위해서라면 무엇이든 다 해주고 싶을 만큼 그녀에게 푹 빠져 있었다. 캐롤린을 행복하게 해주고 싶었기 때문에 우리는 말다툼도 거의 하지 않았다. 아무도 내게 알려주지 않았던 사실은 2년쯤 지나면 사랑에 도취된 감정이 사라진다는 것이다. 눈에서 콩깍지가 떨어져 나가면서 우리의 서로 다른 개성이 드러나기 시작했고, 나는 다시 평소의 나, 즉 이기적인 나로 돌아왔다. 나는

---

16) 전도서 4장 9절 참조.

아내에게 이런저런 요구를 하기 시작했고, 아내 역시 이기적이라는 것을 알게 되었다. 내가 내 식대로 하려는 것만큼이나 아내도 자기 식대로 하기를 원했다. 그렇게 우리의 결혼생활은 불과 몇 달 사이에 더없이 행복한 상태에서 절망적인 상태로 바뀌었다. 그때 '배우자를 잘못 만났어. 이렇게 평생을 살아가는 것은 불가능해.'라고 생각했던 게 기억난다.

그 상황이 더 견디기 힘들었던 이유는 당시 나는 목사가 되기 위해 신학교에 다니고 있었기 때문이다. 나는 경건한 사람이 되어야 했지만 결혼생활은 전혀 경건하지 않았다. 절망에 빠진 내가 하나님 앞에서 도무지 어떻게 해야 할지 모르겠다고 시인하기까지는 상황이 나아질 기미가 보이지 않았다.

내가 길을 보여달라고 청하자 하나님은 길을 보여주셨지만, 내가 기대한 대로는 아니었다. 하나님은 내게 "아내 사랑하기를 그리스도께서 교회를 사랑하시고 그 교회를 위하여 자신을 주심같이"(엡 5:25) 해야 함을 상기시켜 주셨다. 하지만 나는 내가 그렇게 하지 못했음을 깨달았다. 오히려 그와 정반대였다. 나는 아내가 나를 위해 자신을 내어주기 바랐던 것이다.

내가 하나님께, 그리고 나중에는 캐롤린에게 나의 이기적인 태도를 시인하고 용서를 구한 뒤에야 상황이 나아지기 시작했다. 나는 정기적으로 캐롤린에게 다음

> 나는 경건한 사람이 되어야 했지만 결혼생활은 전혀 경건하지 않았다.

과 같은 세 가지 질문을 했다. "내가 어떻게 도와주면 좋겠어요?" "내가 어떻게 해야 당신이 좀 더 편안해질까요?" "내가 어떻게 하면 좋은 남편이 될 수 있을까요?" 그때마다 캐롤린은 답을 알려주었고, 나는 캐롤린의 삶을 더 낫게 해주기 위해 내가 할 수 있는 최선을 다했다.

그렇게 3개월이 지나자 캐롤린이 내게 거꾸로 이 세 가지 질문을 하기 시작했다. 두 사람이 진심으로 서로의 삶을 풍요롭게 하려 할 때 모두 승자가 된다. 이것이 바로 하나님께서 부부 사이에 의도하신 것이다.

부부가 날마다 그날의 경험과 생각과 느낌을 나누고, 또 기꺼이 상대방을 돕고자 할 때 부부 관계가 점차 발전할 것이다.

아직까지 배우자와 나눔의 시간을 가져본 적이 없다면 오늘부터 시작해보라. 당신에게 태도의 변화가 요구된다면 하나님과 배우자에게 당신이 이기적이었음을 고백하라. 하나님은 당신을 용서해주실 것이다. 그리고 당신이 달라진 모습을 보일 때 배우자 역시 당신을 용서할 것이다.

사랑은 이기심과 정반대되는 감정이다. 즉 이기심은 요구하지만 사랑은 베푼다. 이기심은 자기 욕구를 충족시키려 하지만 사랑은 다른 사람의 안녕을 구한다. 이기적인 두 사람의 결혼생활은 삐걱거리겠지만 사랑이 많은 두 사람의 결혼생활은 만족스러울 것이다.

서로의 감정을 이해하기

이제 당신이 이기적이기보다 사랑이 많은 사람이 되기로 했다고 하자. 6장에서 이야기한 5가지 사랑의 언어를 떠올려보라. 우리는 자녀들 각자에게 '사랑 탱크'가 있으며, 부모가 이 탱크를 주기적으로 채워 줘야 한다는 것을 알고 있다. 물론 성인인 우리에게도 사랑 탱크가 있다. 우리도 우리 삶에서 중요한 사람들로부터 사랑받는다고 느낄 수 있어야 한다. 기혼자라면 다른 누구보다 배우자에게서 가장 많이 사랑받고 싶을 것이다. 그러나 우리가 아무리 진지하게 사랑해도 각자가 사용하는 사랑의 언어가 다르면 서로의 감정을 제대로 이해하지 못할 수 있다. 아내의 사랑의 언어가 '함께하는 시간'인데 남편의 사랑의 언어는 '봉사'인 경우, 남편은 아내를 위해 많은 일을 하고도 아내로부터 "당신은 나를 사랑하는 것 같지 않아요."라는 말을 듣고 충격을 받을 것이다. 문제는 남편이 아내의 사랑의 언어가 아니라 자신의 사랑의 언어로 사랑을 표현한 데 있다.

지난 20년간 나는 수천 쌍의 부부가 서로의 사랑의 언어를 알 수 있도록 도왔다. 내가 쓴 『5가지 사랑의 언어』(The Five Love Languages)를 읽지 않았다면 배우자와 함께 그 책을 읽어보기 바란다. 영어권에서만 1,100만 부 넘게 팔리고 전 세계 50개국 언어로 번역된 이 책은 당신의 부부 관계를 풍요롭게 하는 데 도움이 될 것이다.

자신의 이기심을 인정하고, 용서를 구하고, 적절한 사랑의 언어로 사랑을 표현할 때 결혼생활에 긍정적인 기류가 형성될 것이다. 두 사람이 서로에게 사랑받는다고 느낄 때 삶은 한결 수월해진다. 완벽해지라는 말이 아니다. 그렇지만 우리는 서로 사랑할 때 자기 잘못에 대해 더 잘 사과하게 된다. 나는 지금도 아내에게 상처가 되는 말이나 행동을 할 때가 있지만 내가 상처를 주었다고 깨달을 때마다 아내 못지않게 고통스럽다. 그러면 나는 사과를 하고, 아내는 나를 용서해준다. 다시 한 번 말하지만 사과와 용서 없이 성장하는 부부 관계는 없다. 상처는 시간이 지난다고 치유되는 게 아니다. 상처 준 사람이 사과하고, 상처받은 사람이 용서할 때 치유된다.

갈등 해결하기

'사랑 탱크'를 가득 채우는 것과 사과하고 용서함으로써 감정의 골을 없애는 것은 부부 관계를 풍요롭게 해주는 두 가지 주요소다. 여기에 덧붙일 또 하나의 대단히 중요한 요소는 바로 갈등을 해결하는 것이다. 우리는 인간이기 때문에, 그리고 성격과 성장 환경이 서로 다르기 때문에 종종 갈등을 빚는다. 여기서 말하는 갈등이란 의견이 일치하지 않고 서로 자기 생각이 옳다고 생각하는 것을 뜻한다. 모든 부부는 갈등을 겪는다. 그러나 어떤 부부는 언쟁을 벌이는 반면 어떤 부부는 서로의 말을 경청하며 해결책을 모색한다. 신혼 초 나는 아내와 많이 다퉜지만, 지금은 다투기보다 아내의 말을 경청하고 해결책을 모색하려 한다. 갈등이 해결되지 않으면 부부 사이에 정서적 거리가 생기지만, 갈등이 해결되면 부부 사이가 더 친밀해지기 때문이다.

건강한 방식으로 갈등을 해결하기 위해서는 첫째, 상대방의 말에 귀 기울이고 그의 생각뿐 아니라 감정까지 이해하려고 노력해야 한다. 상대방의 성격과 그가 사실로 알고 있는 것들을 고려하면 그가 왜 그런 생각을 하고 그런 감정을 느꼈는지 이해하기가 어렵지 않을 것이다. 그렇게 상대방의 입장에서 생각해본 뒤에는 그의 관점을 이해했음을 표현하라. 상대방의 말을 듣고 나서 당신이 할 수 있는 가장 강력한 말 중 하나는 "당신 말도 일리가 있네요."라는 말이다. 이렇게 말할 때 당신은 더 이상 그의 적이 아니라 그를 이해하는 친구가 된다.

그런 다음 "그럼 이제 내가 보는 관점에서 이야기할 테니 한번 들어볼래요?"라고 말하라. 그러면 상대방도 이해하려는 마음으로 듣고 이렇게 말할 것이다. "당신이 왜 그런 생각을 했는지 알겠어요. 무슨 말을 하려는 건지도 알겠고요. 그럼 이제 어떻게 할까요?" 이렇게 되면 말다툼에서 이기는 것보다 해결책을 찾는 데 더 초점을 맞출 수 있다.

갈등은 다음의 세 가지 방식으로 해결할 수 있다. ① 두 사람 중 한 사람이 상대방의 관점을 받아들인다. ② 두 사람이 생각의 접점을 찾는다. ③ 각자의 생각을 고수하되 서로 사이좋게 지낸다. 몇 달이 지나면 ①이나 ②로 옮겨가겠지만 지금은 서로 생각이 다르다는 사실을 받아들이라. 단, 그 문제로 사이가 멀어지지 않도록 해야 한다.

어떤 문제에 대해서는 끝끝내 의견의 일치를 보지 못할 수도 있을 것이다. 그렇다고 해서 반드시 사이가 멀어질 필요는 없다. 캐롤린과 나는 지금까지도 식기세척기에 그릇을 올려놓는 방식이 서로 다르지만 서로의 방식을 존중하기로 했다. 부부가 치약을 짜는 방식이 서로 다르다면(한 사람은 중간에서부터 짜고 다른 사람은 끝에서부터 짠다면) 치약을 두 개 놓고 쓰면 될 것이다. 성격은 좀처럼 변하지 않는다. 그러므로 우리는 서로의 패턴에 적응해야 한다. 가능하면 상대방 성격의 장점에 초점을 맞추고 거슬리는 부분에 대해서는 잊어버리라. 성격 차이로 부부가 서로 멀어지기에는 인생이 너무 짧다.

그 밖에도 다음과 같은 것들을 권해주고 싶다.

친밀한 관계를 위한 제안

장난스러운 말이나 행동을 주고받으라! 이는 결혼생활에 활력을 불어넣어 준다. 연애 시절 서로 시시덕거리던 것을 기억하는가? 다시 그 시절로 돌아갔다고 생각하라.

데이트하라! 랜디 서던은 그가 쓴 『52가지의 특별한 데이트』(52 Uncommon Dates)[17]에서 결혼한 후에도 데이트에 우선순위를 두라고 조

17] Randy Southern, *52 Uncommon Dates* (Chicago: Moody Publishers, 2014).

언한다. 그는 일상생활에서 쉽게 따라 할 수 있는 재미있고 흥미로운 데이트 52가지를 제안함으로써 결혼한 부부들이 데이트에 관한 실제적인 아이디어를 얻게 했다. 따라서 독자들은 서던이 알려주는 내용과 방법에 자신들이 원하는 것들을 추가하고 이를 실행에 옮기면 된다. 『52가지의 특별한 데이트』 같은 지침서를 활용하든, 자신들만의 방법을 따르든 정기적으로 데이트를 하는 부부는 보다 친밀한 관계에 이를 수 있다. 아기가 태어난 후에도 가족이나 친구에게 아기를 맡기고 두 사람만을 위한 시간을 갖도록 하라. 아이가 아주 어릴 땐 데이트 시간을 줄여야 하겠지만 아이가 자라면서 점점 더 많은 시간을 낼 수 있을 것이다.

스킨십을 하라! 하루 동안 포옹이나 입맞춤, 손잡기 같은 간단한 스킨십을 하면 서로에 대한 애정을 확인할 수 있을 것이다. 이것은 특히 주된 사랑의 언어가 스킨십인 배우자에게 의미 있게 다가올 것이다. 스킨십은 '당신 곁에 있고 싶다'는 뜻을 전달한다. 성적 친밀감도 스킨십이라는 사랑의 언어의 한 가지 방언이지만 모든 스킨십이 성적 친밀감을 나타내는 것은 아니다. 건강한 성생활이 부부 사이를 더 친밀하게 하는 것은 분명하지만, 성적인 특성을 띠지 않은 스킨십도 못지 않게 중요하다.

집 밖으로 나가라! 어떤 부부들은 아기가 태어나면 주말 나들이를 하지 못할 것이라고 생각한다. 하지만 아기가 태어난 첫 해에는 아기를 안고 외출하면 된다. 비록 두 사람만의 데이트는 아니지만 아기를 돌보면서 두 사람의 관계에 초점을 맞출 수 있을 것이다. 아이가 좀 더 자라면 다른 사람에게 맡기고 외출하라. 근사한 호텔에서 하룻밤을 보내는 것만으로도 부부 관계가 놀랍게 좋아질 것이다. 집 밖에서 함께하는 시간에는 관계에 새로운 기운을 불어넣는 무언가가 있다.

계속해서 배우라! 결혼생활은 평생에 걸친 여정이다. 결코 목적지에 도달했다고 생각하지 말라. 늘 배우는 자세로 임하라. 삶이 계속되는 한 우리는 배울 수 있고, 또 배워야 한다. 어떤 것들은 직접적인 체험을 통해 배우지만, 간접 경험을 통해 배우는 것들도 많다.

다음의 두 가지는 부부가 평생에 걸쳐 실천하면 좋을 것들이다. ① 해마다 결혼생활에 관한 책을 한 권씩 읽고 토론하라. 각 장을 읽고 난 뒤에는 그 장에서 배울 점이 무엇인지에 대해 배우자와 의견을 교환하라. ② 해마다 결혼생활을 주제로 하는 행사에 참석하라. 주말 컨퍼런스도 좋고 수련회도 좋고 교회나 사회단체에서 하는 강연회도 좋다. 이런 행사에 참석하면 결혼생활에 도움이 될 창의적인 아이디어와 새로운 시각을 얻을 수 있을 것이다.

> 당신이 부부 관계에 우선순위를 두기로 했다면 자녀에게 좋은 일을 하는 셈이다.

스스로를 돌보라! 어린 자녀를 둔 부부들은 분주한 일상에 치여 스스로를 돌볼 시간이 별로 없다. 육체적, 정서적, 영적 건강을 지키는 것은 당신 자신을 위해서뿐 아니라 부부 관계를 위해서도 매우 중요하다. 당신의 가장 절실한 필요는 무엇인가? 당신의 어떤 부분에 주의를 기울여야 하는가? 지역사회에 당신에게 도움이 될 만한 것들이 있는가? 많은 교회가 엄마들이 안심하고 아이를 맡기며 스스로를 돌볼 수 있도록 아이들을 돌봐주는 프로그램을 운영하고 있다.

이런 제안들을 선뜻 받아들이기 힘들 수도 있다. 그러나 결혼생활에 활력을 불어넣기 원한다면 비록 어린 자녀를 두었을지라도 부부 사이를 더 가깝게 해줄 기회를 찾고, 또 만들어야 한다. 습관적으로 살아갈 때보다 미리 준비하고 노력할 때 두 사람의 관계가 더 좋아질 것이고, 살면서 겪는 어려움에 보다 잘 대처할 수 있을 것이다. 관계의 성장을 위해 노력하는 부부들은 서로의 존재를 기뻐할 것이고 좋은 부모가 될 것이다.

당신이 부부 관계에 우선순위를 두기로 했다면 자녀에게 좋은 일을 하는 셈이다. 아이를 키우는 데 있어서 엄마와 아빠가 서로 사랑하고, 격려하고, 지지하며, 긍정적인 방식으로 갈등을 해결하고, 서로 사과하고 용서하는 모습을 보여주는 것보다 더 중요한 것은 없기 때문이다. 당신이 이런 부부 관계를 만들어 나가는 데 이 장에서 나눈 아이디어들이 도움이 되길 바란다.

나눔을 위한 질문

1. 아기가 태어난 후 부부 관계에 활력을 불어넣을 방법에 대해 배우자와 이야기해보라. 아이를 키우면서도 관계의 성장을 위해 노력하기로 '결심'하고, 포옹과 키스로 이를 확인하라.

2. 아기가 태어나기 전에 부부 사이에 해결되지 않은 문제가 있다면 상담가나 목사, 믿을 만한 친구와 의논하고 해결책을 모색하라. 아이가 태어난 뒤보다 태어나기 전에 문제를 해결하는 편이 훨씬 더 수월할 것이다.

3. 매일 '나눔의 시간'을 갖고 그날 있었던 일 두 가지와 여기에 대한 느낌을 나누라. 서로를 이해하고 공감하려고 노력하라.

4. 날마다 서로에게 무엇을 도와주면 좋을지 묻는 연습을 시작하라.

5. 서로의 사랑의 언어를 알고 정기적으로 이를 사용하라. www.5lovelanguages.com에서 무료로 제공하는 질문지를 활용하면 자신이나 배우자의 사랑의 언어를 아는 데 도움이 될 것이다.

6. 배우자에게 함부로 행동하거나 심한 말을 했을 때는 사과하고 용서를 구하라. 8장을 다시 읽어보면 도움이 될 것이다.

7. 배우자와 갈등이 생겼을 때는 "여기에 대해 시각차가 있는 것 같아요. 앉아서 차분히 서로의 생각을 들어보면 어떨까요? 당신이 먼저 시작할래요, 내가 먼저 시작할까요?"라고 말할 수 있어야 한다. 상대방의 생각을 이해하는 데 집중하라. 그런 다음 당신의 생각을 이야기하라. 이렇게 서로의 생각을 나누다보면 갈등이 해결될 것이다.

8. 아이가 태어난 후 부부 사이에 친밀한 관계를 유지하기 위한 다음의 제안들 중 가장 마음에 드는 것은 무엇인가? 각각의 제안에 대해 0부터 10까지 점수를 매긴 뒤 그 결과를 배우자와 나누라.
    ___ 장난스러운 말과 행동
    ___ 데이트
    ___ 스킨십
    ___ 집 밖으로 나가기
    ___ 계속해서 배우기
    ___ 스스로를 돌보기

12.

자녀는 부모에게 큰 기쁨을 안겨준다

기쁨은 순간적인 감정 이상이다. 또한 그것은 우리가 삶에 투자하는 방식에 대한 깊은 만족감이다. 궁극적으로 다른 사람들을 돕는 직업은 기쁨의 원천이 되는 반면, 돈을 버는 수단에 불과한 직업은 별다른 기쁨을 안겨주지 않는다. 11장에서 묘사한 것 같은 결혼생활은 그것 자체로 기쁨의 원천이 될 수 있고, 부모님이나 친척들과의 관계도 기쁨의 원천이 될 수 있다. 다양한 여가활동이나 사교활동에도 기쁨이 잠재되어 있다. 그러나 자녀를 키우는 데 투자하는 것보다 더 큰 기쁨을 선사하는 것은 거의 없다.

　앞에서 나는 밤에 잠도 제대로 못 자고, 냄새 나는 기저귀를 갈아줘야 하고, 배변훈련을 시켜야 하고, 아픈 아이를 돌봐야 하고, 어질러진 집을 치워야 하고, 정신없이 바쁜 하루를 보내야 하는 등 여러 어려움에 대해 이야기했다. 하지만 이 장에서는 그 모든 힘든 일 이면에 존재하는 기쁨에 대해 이야기하려 한다. 물론 육아에는 시간과 에너지와 돈과 엄청난 노력이 요구되지만, 거기서 얻는 만족감은 스트레스를 훨씬 능가한다.

처음 아기가 태어났을 때에는 두려움과 기쁨이 교차할 것이다. 부모로서 준비가 덜 되었다는 생각에 두렵고, 그 아이가 당신의 아이이기 때문에 기쁠 것이다. 부부가 함께 무한한 잠재력을 지닌 한 생명을 탄생시켰다는 데서 말할 수 없는 감동을 느낄 것이다. 아이가 잠재력을 발휘할 수 있도록 교육시키고 훈련시킬 특권과 기회가 주어졌으니 이보다 더 가슴 설레고 보람 있는 일이 어디 있겠는가!

아버지로서 나는 우리 아이들이 성장하여 하나님과 다른 사람들을 섬기는 모습을 보는 데서 큰 기쁨을 느낀다. 좋은 소식은 자녀양육의 기쁨을 맛보기 위해 아이들이 성인이 될 때까지 기다릴 필요가 없다는 것이다. 자녀를 키워본 부모라면 누구나 아이를 안고 어르던 때의 기쁨이 어떠한지 말해줄 것이다. 아이를 흔들어 재울 때와 아이 손을 붙잡고 처음으로 걸음마를 시킬 때, 서너 살 된 아이의 질문에 대답할 때의 기쁨을 말해줄 것이고, 처음으로 아이를 유치원에 데려다주고 나올 때의 안쓰러움과 초등학교에 다니는 아이가 농구 경기에서 골을 넣었을 때의 벅찬 감동에 대해 이야기해줄 것이다.

이러한 추억들은 아이가 자라는 동안 부모에게 지속적으로 깊은 만족감을 안겨준다. 돌이켜보면 아이들은 얼마나 빨리 자라는지 모른다. "하루는 길지만 1년은 짧다"는 표현 그대로다. 하지만 긴 하루는 금세 잊히는 반면 짧은 1년은 오래 기억된다.

자녀의 어린 시절은 영원히 계속되지 않는다. 그렇다면 어떻게 해야 부모로서의 엄청난 책임에 압도당하지 않고 자녀를 키우는 데서 얻는 수많은 기쁨에 초점을 맞출 수 있을까? 이 장에서 샤넌과 나는 그 질문에 답하고자 한다.

부모의 건강 상태

자녀양육에서 기쁨을 맛보려면 무엇보다 당신 자신이 정서적, 정신적, 영적으로 건강해야 한다. 당신이 자기 자신이나 배우자, 하나님과 화평하지 못하면 자녀를 키우는 일이 즐겁기는커녕 짐스럽게 느껴질 것이다.

그렇다면 당신의 건강을 어떻게 알 수 있을까? 나는 건강 상태를 알아보는 가장 좋은 도구를 1세기의 어느 초대 교회 지도자가 쓴 글에서 발견했다. 그는 진정으로 건강한 사람들에게서 찾아볼 수 있는 9가지 자질을 이야기했다. 그것은 바로 사랑과 희락과 화평과 오래 참음과 자비와 양선과 충성과 온유와 절제다.[18] 오랜 세월 상담을 해오면서 나는 이것이 건강을 진단하는 매우 유용한 도구임을 깨달았다. 내 안에 사랑이 많으면, 즉 내가 다른 사람들을 배려하고, 내가 살아가는

---

18) 갈라디아서 5장 22-23절 참조.

방식에 깊은 만족감을 느끼고, 나 자신과 하나님과 다른 사람들과 화평하고, 인내와 자비와 양선으로 사람들을 대하고, 충성되고 온유하며 감정을 절제할 수 있으면 그만큼 나는 건강한 것이다.

이 9가지 자질을 당신의 정신적, 정서적, 영적 건강 상태를 진단하는 도구로 삼으라. 당신에게 부족하다고 생각되는 자질이 있으면 지금이 바로 책을 읽고, 친구와 대화하고, 상담을 받고, 강연을 듣고, 목사님의 조언을 구하고, 교회 활동에 참여하고, 성경을 읽고, 기도를 할 적기다. 하나님은 우리에게 온전히 건강한 사람이 될 능력을 주기 원하신다. 이와 같은 9가지 자질을 갖출 때 당신은 자녀양육에서 얻는 기쁨을 보다 잘 경험할 수 있을 것이다.

> 당신이 자기 자신이나 배우자, 하나님과 화평하지 못하면 자녀를 키우는 일이 즐겁기는커녕 짐스럽게 느껴질 것이다.

자녀의 배움에서 기쁨을 찾으라

삶의 가장 큰 기쁨 중 하나는 배움이다. 나는 처음으로 책을 읽던 때의 즐거움을 기억한다. 내 앞에 완전히 새로운 모험의 세계가 펼쳐졌고, 그것은 내게 큰 만족(기쁨)을 안겨주었다.

우리는 부모로서 자녀가 무언가를 배우는 모습에서도 동일한 기쁨을 경험한다. 앞에서도 말했듯이 자녀의 배움은 학교에 가기 훨씬 전부터 시작된다. 아이가 기본적인 운동 기능을 배워나가는 한 단계 한 단계가 부모에게는 큰 기쁨으로 다가온다. 어느 젊은 아빠는 아내에게 이렇게 말한다. "이것 좀 봐. 아기가 뒤집기를 했어. 바로 누워 있던 아기가 혼자 힘으로 몸을 뒤집었다구." 이 말에서 아기 아빠의 기쁨이 고스란히 전해지지 않는가? 아기가 기기 시작하면 아마도 그땐 엄마가 이렇게 말할 것이다. "여기 좀 봐요. 아기가 기어요!"

나는 우리 아이들이 처음으로 걸음마를 했을 때의 그 기쁘고 흥분되었던 순간을 지금도 잊지 못한다. 아이들이 소파를 붙잡고 일어서면 나는 50센티미터쯤 떨어진 곳에 앉아서 "자, 이리 오렴. 할 수 있어. 어서 이리 와봐."라고 말하곤 했다. 아이들은 반 발짝 내딛다가 주저앉았고, 그러면 나는 "괜찮아. 다시 한 번 해보자."라고 말했다. 그렇게 나는 반복적으로 아이들을 소파 옆에 세워놓고 걷는 연습을 시켰다. 한 걸음 두 걸음 내딛다보면 오래지 않아 걷게 되었다. 아이들이 내딛는 한 걸음 한 걸음이 내게는 큰 기쁨이었다.

아이의 운동 기능뿐 아니라 사회성 발달 또한 큰 기쁨이다. 누가 알려주지도 않았는데 아이가 "부탁합니다."라고 말하거나 "감사합니다."라고 말할 때 당신은 기쁨을 맛볼 것이다. 우리는 아이들에게 이런 표현을 알려줄 필요가 있다. 비록 시간은 좀 걸리겠지만 아이는 결국 이런 말을 할 줄 알게 될 것이다. 이따금 이런 말을 하도록 상기시켜 주어야 할 때도 있겠지만 아이는 이미 사람들과의 관계를 풍요롭게 해줄 사회성을 배워가는 중이다. 그러므로 마음의 여유를 가지고 기쁨의 순간을 즐기라. 당신과 아이는 잘해나가고 있다.

　자녀가 글을 읽을 때에도 우리는 기쁨을 맛볼 수 있다. 아이가 처음으로 글을 읽을 때 당신 얼굴에 어느덧 미소가 생겨날 것이다. 수년간 당신이 아이에게 책을 읽어주었는데 이제 아이가 당신에게 책을 읽어주게 되었으니 왜 안 그렇겠는가! 시간은 좀 걸리겠지만 아이는 결국 책을 읽게 될 것이고, 책에서 배운 것들을 당신과 나누려 할 것이다. 당신이 배우자에게 "우리 아이들이 책 읽는 것을 좋아해서 정말 기뻐요."라고 말할 때가 바로 그 순간이다. 아이들이 책을 읽으면 그들의 세계가 확장되고, 이는 당신에게 큰 기쁨을 선사할 것이다.

　아이들이 밖에 나가서 놀기 전에 숙제와 집안일을 끝마치는 모습을 보면 당신은 또 한 번 깊은 만족감을 느낄 것이다. 삶의 우선순위를 정할 줄 알게 되면, 즉 가장 중요한 일부터 먼저 할 줄 알게 되면 성인이 되어도 다른 사람들과 잘 지낼 수 있기 때문이다.

　이처럼 자녀가 책임감 있는 성인이 되는 데 필요한 자질과 태도를 배워나가는 모습을 지켜보는 것은 참으로 기쁜 일이다. 이러한 일들을 생각하면 아이가 뭔가를 배우는 데 걸리는 기나긴 시간에 압도당하지 않고 아이의 노력이 가져올 근사한 결과를 기대할 수 있을 것이다. 이러한 마음가짐으로 육아에 임하면 숨쉬기가 한결 편해지고 아이의 배움과 관련된 수많은 기쁨을 맛볼 수 있을 것이다.

　또한 자녀가 이런저런 것들을 배워나가는 과정을 지켜보는 부모들은 그들 스스로도 다시금 배움의 기쁨을 발견하게 될 것이다. 당신은 어린 자녀에게 책을 읽어주면서 당신이 어린 시절에 배웠던 교훈을 떠올릴 것이다. 예컨대 『칙칙폭폭 꼬마 기관차의 모험』(The Little Engine that Could)은 어린이뿐 아니라 어른들에게도 교훈을 주는 이야기다. 어렸을 때 당신의 부모님이 책을 읽어주시지 않았다면 자녀에게 책을 읽어주면서 새롭게 책 읽는 기쁨을 발견할 수도 있다. 또한 자녀와 함께 TV를 시청하면서 아이만큼(혹은 그 이상으로) 많은 것을 배울 수도 있다. 이와 같이 자녀를 키우다보면 다시금 무언가를 배우게 될 때가 많다. 뭔가를 배우기에 너무 늦은 나이는 없다.

즐거운 경험 만들기

아울러 부모들은 자녀들에게 즐거운 경험을 만들어줌으로써 기쁨을 맛본다. 우리 대부분은 가정이 기쁨의 원천이자 안전한 휴식처가 되기를 바란다. 이것을 현실화하는 방법 중 하나는 '자녀들이 자라서 우리 가정을 생각할 때 가장 기억에 남는 게 어떤 것이면 좋을까?' 자문해보는 것이다.

이 질문에 대해 생각하다 보면 당신의 유년 시절을 떠올리게 될 것이다. 예를 들어 당신은 매일 밤 잠들기 전에 부모님이 책을 읽어주시던 장면이나 같이 기도해주시던 모습을 떠올리게 될지 모른다. 아니면 부모님이 운동회나 학예회 등 학교 행사에 빠짐없이 참석하셨던 것을 떠올릴 수도 있다. 어쩌면 부모님이 당신에게 피아노나 기타, 바느질 같은 것을 가르쳐주셨을 수도 있다. 그렇다면 당신이 어릴 때 했던 일들 중 자녀들과 함께 하고 싶은 것은 무엇인가?

물론 모든 성인이 다 행복한 가정에서 성장한 것은 아니다. 갑작스러운 분노의 폭발과 상처 주는 말로 가득한 가정에서 불안에 떨며 자란 사람들도 있다. 그러므로 유년 시절의 즐거운 추억이 없다면 창의성을 발휘해야 한다. 자녀에게 어떤 좋은 추억을 만들어주고 싶은지 생각해보고 배우자와 상의하라. 자녀들이 성인이 된 후 유년 시절의 어떤 추억에 대해 이야기하길 바라는가?

샤넌과 내가 수년간 상담을 하면서 알게 된 것은 부모들이 다음과 같은 말을 듣고 싶어 한다는 것이다. "부모님은 늘 나를 위해 시간을 내셨어요." "우리는 책을 읽었어요." "우리는 함께 뭔가를 만들었어요." "우리는 바깥에 나가 놀았어요." "우리는 식사 전에 늘 기도를 했어요." "우리 집에는 웃음소리가 그치지 않았어요." "우리는 매주 일요일마다 교회에 갔어요." "우리는 함께 노래했어요." 아마 당신도 자녀들에게서 이런 말을 듣고 싶을 것이다.

앞에서 말했듯 우리 아이들은 둘 다 성인이 되었고 결혼도 했다. 우리 아이들이 기억하는 유년 시절의 가장 좋았던 일 두 가지는 식사와 관련이 있다. 큰아이가 식탁에서 식사를 할 수 있을 만큼 자랐을 때 캐롤린은 매일 아침 가족에게 따뜻한 식사를 만들어주기로 결심했다. 캐롤린은 아침형 인간이 아니다. 따라서 그러한 결정은 그녀에게 마치 마더 테레사와 같은 헌신과 희생의 결단이었다. 캐롤린은 둘째 아이가 대학생이 되어 집을 떠날 때까지 이 일을 계속했고, 나는 매일 아침 식탁에서 성경구절을 읽고 기도를 했다. 아이들이 조금 자란 뒤에는 아이들이 원할 경우 그들에게 기도를 시키기도 했다. 음식이 나오기 전에 기도할 때도 있었고 음식이 나온 후에 기도할 때도 있었다. 기도 시간은 늘 짧았지만 의미 있는 시간이었다.

아이들이 대화에 참여할 만큼 자랐을 때에는 저녁식사 시간에 그날 있었던 일들을 나누었다. 우리는 아이들이 한 친절한 행동에 대해 칭찬하고, 그리 친절해 보이지 않는 행동에 대해서는 이유를 물어보았다. 그리고 우리가 한 일과 하지 못한 일에 대해 이야기했다. 이 일을 아이들이 중학교와 고등학교에 다닐 때까지 계속했다(아들이 농구를 할 때는 식사 시간을 조금 당기거나 늦춰야 했다). 우리는 저녁식사 시간이 서로의 생각을 알 수 있는 중요한 기회라고 생각했다. 아이들이 고등학생이 되었을 때는 대화의 주제가 조금 더 넓고 깊어졌다.

그래서인지 우리 아이들은 둘 다 아침식사 시간과 저녁식사 시간이 가장 기억에 남는다고 말한다. 대학생이 된 후 집에 친구들을 데려왔을 때에도 식사 시간의 토론은 계속되었다. 가족이 실제로 대화하는 모습을 보고 놀란 친구들도 많았다.

이제 부모로서 가정생활을 통해 자녀에게 어떤 좋은 경험을 만들어 줄 것인지 결정해야 할 때다. 물론 사는 게 바쁘다는 것을 잘 안다. 그렇지만 자녀들이 자신의 길을 찾고, 자신만의 방식으로 사회에 공헌

> 어린 시절은 눈 깜빡할 사이에 지나
> 간다. 그러므로 부모로서 자녀를 어떤
> 사람으로 키울지에 대해 너무 늦지
> 않게 생각해보는 것이 현명하다.

하고, 언젠가 가정을 꾸릴 수 있도록 준비시키는 것만큼 중요한 일이 어디 있겠는가! 샤넌도 나도 "아이들이 어렸을 때 청소를 더 자주 했다면 좋았을 텐데." "일을 더 많이 했다면 좋았을 텐데." "아이들과 함께하는 시간이 더 적었으면 좋았을 텐데."라고 말하는 부모를 본 적이 없다. 이와 반대로 부모들은 자녀들과의 시간을 최우선순위에 놓고 아이들과 보다 많은 것을 함께했다면 좋았을 것이라고 말한다.

대체로 부모들은 자녀들이 다 자란 후에야 그들이 어렸을 때 어떻게 해주는 게 좋았을지 더 잘 알게 된다. 어린 시절은 눈 깜빡할 사이에 지나간다. 그러므로 부모로서 자녀를 어떤 사람으로 키울지에 대해 너무 늦지 않게 생각해보는 것이 현명하다. 그렇게 하면 자녀들과 보다 의미 있고 즐거운 시간을 보낼 수 있을 것이다.

놀이의 기쁨

부모들이 경험하는 또 다른 기쁨의 원천은 자녀들과 놀아주는 것이다. 놀이는 아이들에게 자연스럽게 다가온다. 놀이를 통해 아이들은 스스로를 표현하고, 주변 세상을 탐색하고, 문제를 해결하고, 다른 사람들과 관계를 맺고, 살아가는 데 필요한 기술을 배운다. 따라서 놀이는 부모에게 자녀들을 이해하고 격려할 좋은 기회를 제공한다. 또한 부모는 자녀들과 놀아줌으로써 큰 기쁨을 얻는다.

문제는 자녀들과 놀 시간을 내기가 쉽지 않다는 것이다. 그러므로 우선순위를 정하는 게 중요하다. 놀이는 자녀들에게 가장 중요한 기쁨의 원천 중 하나다. 불과 몇 년만 지나도 그들과 놀아줄 수 없는데 왜 그 일을 다음으로 미루어야 하는가? 후회할 일은 하지 말라! 지금 시간을 내서 자녀들과 놀아주라.

온전히 놀이에 몰입할 때 부모는 놀이가 얼마나 재미있는지를 새삼 깨닫게 될 것이다. 아이들이 하는 놀이는 무수히 많다. 인형놀이, 소꿉놀이, 칼싸움, 장난감 자동차 경주, 탑 쌓기, 눈싸움, 보드 게임, 비디오 게임, 블록 맞추기, 노래 부르기, 댄스파티 등 끝이 없고, 여기에 집 앞에서 하는 농구와 치기장난, 숨바꼭질 같은 놀이도 있다. 자녀들은 부모에게 같이 놀자고 할 것이고 또 부모가 같이 놀자고 할 때 무척 좋아할 것이다. 놀이를 통해 재미있고 창의적인 방식으로 상호작용할 때 부모와 자녀 사이의 애정과 유대가 더 깊어질 것이다. 뿐만 아니라 그러한 놀이 시간과 여가 시간은 훗날 어린 시절의 가장 즐거운 추억으로 남을 것이다.

부모는 자녀와 함께 놀아주는 것뿐 아니라 자녀가 다른 아이들과 노는 것을 지켜보는 것에서도 기쁨을 맛볼 수 있다. 정식 운동 시합이든 동네에서 이웃집 아이들과 하는 운동 시합이든 자녀가 즐겁게 놀면서 스포츠맨십을 발휘하는 모습을 보면 흐뭇할 것이다.

다만 정식 운동 시합의 경우 경고하고 싶은 게 하나 있다. 바로 시합을 너무 진지하게 받아들이지 말라는 것이다. 자녀나 코치에게 화를 내면서 스포츠맨십에 어긋나는 행동을 하는 부모가 많은데, 이러한 행동은 운동을 할 때 얻는 기쁨을 앗아간다. 그럴 바에야 차라리 시합이 늘 순조롭게 풀리지만은 않는다는 것을 받아들이는 편이 더 낫다. 아이의 노력을 인정해주고 아이가 심판의 결정을 받아들일 수 있도록 도우라.

감사를 표현하라

자녀와 함께 시간을 보낼 때 자녀에게 고마움을 표현할 일이 있는지 찾아보라. 당신이 어렸을 때 사랑받고 자라지 못했다면 당신이 받지 못했기 때문에 자녀에게 베풀지 않는 일이 없도록 하라. 우리는 좋은 부모의 예를 통해서도 배울 수 있지만 나쁜 부모의 예를 통해서도 배울 수 있다. 부모님이 당신에게 했거나 하지 않은 일 중 당신이 부모님과 다른 방식으로 자녀에게 하거나 하지 않고 싶은 일은 무엇인가? 반대로 어렸을 때 부모님의 사랑과 지지를 받으며 자랐다면 부모님의 어떤 점을 본받고 싶은가? 그 밖에 당신이 자녀들에게 더 해주고 싶은 일은 무엇인가?

자녀들은 부모에게 인정받고 싶어 한다. 따라서 당신의 격려는 자녀에게 큰 기쁨이 될 것이다. 아이의 잘못된 행동을 바로잡아 주지 말라는 뜻이 아니다. 우리는 5장에서 훈육의 가치에 대해 이야기했다. 그러나 훈육은 애정에서 비롯되어야지, 분노에서 파생되면 안 된다.

사랑받고 인정받는다고 느낄 때 아이들은 부모에게 깊은 만족감을 안겨주는 행동을 하게 된다. 반대로 부모가 지나치게 엄격하면 아이들은 사랑받지 못한다고 느끼고 부모를 실망시키는 행동을 하기 쉽다. 내가 '자녀는 부모에게 큰 기쁨을 안겨준다'는 제목의 이 장에서 자녀가 크나큰 고통을 안겨줄 수 있음을 이야기하는 것은 이 같은 연유다.

나와 샤넌에게 상담을 받으러 온 부모 중 많은 사람이 십대 자녀의 행동으로 인해 큰 고통을 받았다. 그들은 아이들이 어렸을 때를 돌아보며 "다시 그때로 돌아갈 수 있으면 좋겠어요. 그러면 아주 많은 것을 되돌릴 수 있을 텐데요."라고 말한다. 샤넌과 나는 당신이 후회 없이 사는 데 이 장이 도움이 되길 바란다. 당신이 자녀들을 기뻐하면 자녀들도 자신이 당신의 자녀라는 사실을 기뻐할 것이고 당신에게 큰 기쁨을 안겨줄 것이다.

> 부모님이 당신에게 했거나 하지 않은 일 중 당신이 부모님과 다른 방식으로 자녀에게 하거나 하지 않고 싶은 일은 무엇인가?

자녀를 키우면서 겪는 어려움과 스트레스에 초점을 맞추면 기쁨은 멀리 달아날 것이다. 그러나 자녀들로 인한 기쁨에 초점을 맞추고 날마다 최선을 다하면 기쁨은 영원한 동반자가 될 것이다.

나눔을 위한 질문

1. 어렸을 때 당신은 부모님을 어떻게 기쁘게 해드렸는가?

2. 당신은 부모님께 어떤 고통을 안겨드렸는가?

3. 당신의 어린 시절이 육아에 어떤 영향을 끼친다고 생각하는가?

4. 육아와 관련하여 부모님을 본받고 싶은 것은 무엇인가?

5. 육아와 관련하여 부모님과 다르게 하고 싶은 것은 무엇인가?

6. 당신은 어렸을 때 어떤 책을 읽었으며, 자녀들에게는 어떤 책들을 읽어 줄 계획인가?

7. 당신이 어렸을 때 부모님이나 형제, 친구들과 하던 놀이는 어떤 것들인가? 그 놀이를 자녀들과 함께 하면 어떨 것 같은가?

8. 앞에서 언급한 9가지 자질에 기초하여 당신의 정서적, 정신적, 영적 건강 상태를 진단해보자. 당신에게는 다음의 자질이 얼마나 있다고 생각되는가? 0점부터 10점까지 점수를 매기라.

사랑 _____   희락 _____   화평 _____
인내 _____   자비 _____   양선 _____
충성 _____   온유 _____   절제 _____

부모가 되기 전에 먼저 이러한 자질을 개발하기 위해 무엇을 할 수 있는가?

에필로그

많은 사람이 사회의 기본 단위가 가족이라는 데 동의할 것이다. 앞에서도 언급했듯이 나는 대학교와 대학원에서 문화인류학을 공부했다. 문화인류학적 측면에서 볼 때 가족은 모든 사회의 기본적인 구성 요소다. 또한 문화마다 언어가 다르고 사회 구조가 다르지만 가족은 모든 문화에 공통적인 사회 단위다.

건강한 가정에서는 아이들이 책임 있는 성인으로 자라지만, 건강하지 못한 가정에서는 아이들이 많은 내적 갈등을 안고 자라며 성인이 되어서도 건강한 관계를 형성하는 데 어려움을 겪는다. 아버지로서 나는 자녀들이 제대로 준비되지 못한 상태에서 성인이 되는 것만큼 고통스러운 일도 없다고 생각한다. 이것이 바로 내가 남편들과 아내들을 건강한 부부 관계 안에서 책임 있는 부모가 되도록 돕는 일에 헌신하기로 한 이유다.

샤넌 워든 박사의 도움을 받아 쓴 이 책은 내가 부모로서 자녀를 키

우며 깨달은 것들과 상담가로서 결혼생활과 가족에 대해 평생을 연구해오며 깨달은 것들을 이 세대의 부모들에게 알려주기 위한 또 한 번의 시도다. 이 책에서 나는 자녀를 키우면서 겪는 어려움과 스트레스를 있는 그대로 그려 보이는 동시에 빠르게 변화하는 오늘날의 문화에서 건강한 가정을 만드는 데 도움이 되는 실제적인 아이디어들을 제시하고자 했다.

 이 책에서 나눈 것들은 내가 부모가 되기 전에 알았다면 좋았을 거라 생각되는 통찰들이다. 아내인 캐롤린과 나는 우리가 자녀들을 키울 때 이러한 것들을 알았다면 더 좋은 부모가 될 수 있었을 거라는 데 동의한다. 우리는 결국 이 책에 나오는 내용 중 많은 것을 배웠지만 경험이라는 힘든 방식을 통해서였다. 자녀가 태어나기 전에 이 책을 읽는 부모들은 예전의 우리보다 더 잘 준비될 수 있기를 바란다.

 또한 나는 이 책이 이 땅의 많은 아이들이 육체적, 정신적, 정서적,

사회적, 영적으로 자라가는 동안 부모가 옆에 두고 참고할 수 있는 책이 되기를 바란다. 한 번 읽어보는 데서 그치지 않고 자녀를 키우는 동안 여러 번 반복해서 읽을 수 있는 그런 책이 되었으면 한다.

샤넌과 스티븐은 그들의 육아 스트레스를 덜어준 아이디어들을 다음과 같이 제시하였다. 그들이 제시한 목록을 보면 이 책에 나오는 아이디어들이 많이 반영되어 있음을 알 수 있을 것이다.

- 우리는 자녀들에게 많은 시간을 내주어야 함을 알고 이를 받아들인다.
- 우리는 소중한 자녀 한 명 한 명을 간절히 원했음을 기억한다.
- 우리가 해야 할 모든 일을 할 수 있도록 하나님께서 우리에게 필요한 시간을 주시리라 믿는다.
- 우리는 우리의 개인적, 직업적 관심사보다 자녀들과 그들의 안녕을 우선시한다.

- 우리는 부모님처럼 자녀들을 믿고 맡길 수 있는 주변 사람들에게 도움을 청한다.
- 우리는 자녀들의 어린 시절이 금방 지나간다는 것을 알고 자녀들과 자주 놀아준다.
- 우리는 아이들의 발달 단계를 고려하여 그들에게 능력의 한계를 넘어서는 과제를 주지 않는다.
- 우리는 한 사람이 자녀의 숙제를 봐주거나 씻기는 동안 다른 사람이 다른 자녀들을 돌보는 식으로 가능한 한 육아를 분담한다.
- 우리는 가족이 함께하는 시간이 부족하지 않도록 (어른이든 아이든) 과외활동을 지나치게 많이 하지 않는다.
- 사람들이 붐비는 레스토랑에 가면 아이들이 흥분해서 통제가 잘 안 되므로 그런 곳에는 가지 않는다.
- 우리는 육아와 관련하여 거둔 작은 성공들을 축하한다. 이는 우리 자

녀들이 잘 자라리라는 신호이기 때문이다.
- 우리는 육아나 그 밖의 다른 일로 부부 사이가 소원해지지 않도록 끊임없이 부부 관계에 마음을 쓴다.
- 우리는 지친 몸으로 잠자리에 들어 조금은 덜 지친 몸으로 일어나리라는 것을 알고 또 믿는다.

샤넌과 스티븐은 지금도 세 아이를 키우는 중이다. 캐롤린과 나는 아이들을 다 키웠고 지금은 손주들이 있다. 솔직히 나는 지금이 좋다. 그렇지만 인생의 모든 단계가 다 좋았다. 물론 힘든 시기도 있었다. 하나님께 지혜를 구한 적도 있었다. 돌이켜보면 힘들었던 시기는 크게 기억나지 않는다. 내가 기억하는 것은 우리 딸과 아들이 능력을 개발하는 것을 지켜보면서 느꼈던 기쁨이다. 나는 자녀들이 하는 모든 농구 시합과 피아노 연주를 즐겼다. 내가 자녀들을 위해 스케줄을 조

정해야 했을까? 물론이다. 그것은 충분히 그럴 만한 가치가 있었다.

이제 아이들이 다 자랐고 결혼도 했기 때문에 캐롤린과 나는 그들이 결혼생활에 투자하고 다른 사람들을 돕는 일에 헌신하는 것을 보며 기쁨을 느낀다. 그리고 손주들이 독서하고, 공부하고, 운동하고, 부모와 조부모를 공경하는 것을 보며 기쁨을 느낀다. 나는 "내 자녀들이 진리 안에서 행한다 함을 듣는 것보다 더 기쁜 일이 없다"[19]고 한 초대 교회 사도의 말에 전적으로 동의한다.

이 책이 당신에게 도움이 되었기를 바란다. 그리고 만약 도움이 되었다면 친구들에게도 권해주기 바란다. 궁금한 점이나 제안 사항이 있으면 www.5lovelanguages.com에 글을 남겨주기 바란다.

_ 게리 채프먼

---

19) 요한3서 4절 참조.

사명선언문

너희가 흠이 없고 순전하여……세상에서 그들 가운데 빛들로
나타내며 생명의 말씀을 밝혀 _ 빌 2:15-16

1. 생명을 담겠습니다
만드는 책에 주님 주신 생명을 담겠습니다.
그 책으로 복음을 선포하겠습니다.

2. 말씀을 밝히겠습니다
생명의 근본은 말씀입니다.
말씀을 밝혀 성도와 교회의 성장을 돕겠습니다.

3. 빛이 되겠습니다
시대와 영혼의 어두움을 밝혀 주님 앞으로 이끄는
빛이 되는 책을 만들겠습니다.

4. 순전히 행하겠습니다
책을 만들고 전하는 일과 경영하는 일에 부끄러움이 없는
정직함으로 행하겠습니다.

5. 끝까지 전파하겠습니다
모든 사람에게, 땅 끝까지, 주님 오시는 그날까지
복음을 전하는 사명을 다하겠습니다.

서점 안내

광화문점	서울시 종로구 새문안로 69 구세군회관 1층 02)737-2288(T) 02)737-4623(F)
강남점	서울시 서초구 신반포로 177 반포쇼핑타운 3동 2층 02)595-1211(T) 02)595-3549(F)
구로점	서울시 구로구 시흥대로 577 3층 02)858-8744(T) 02)838-0653(F)
노원점	서울시 노원구 동일로 1366 삼봉빌딩 지하 1층 02)938-7979(T) 02)3391-6169(F)
분당점	경기도 성남시 분당구 황새울로 315 대현빌딩 3층 031)707-5566(T) 031)707-4999(F)
신촌점	서울시 마포구 서강로 144 동인빌딩 8층 02)702-1411(T) 02)702-1131(F)
일산점	경기도 고양시 일산서구 중앙로 1391 레이크타운 지하 1층 031)916-8787(T) 031)916-8788(F)
의정부점	경기도 의정부시 청사로47번길 12 성산타워 3층 031)845-0600(T) 031) 852-6930(F)
인터넷서점	www.lifebook.co.kr